大数据时代中国传统武术的发展与创新

王立军◎著

图书在版编目（CIP）数据

大数据时代中国传统武术的发展与创新 / 王立军著
. -- 长春 : 吉林文史出版社, 2021.12
ISBN 978-7-5472-8392-9

Ⅰ. ①大… Ⅱ. ①王… Ⅲ. ①武术-发展-研究-中国 Ⅳ. ①G852

中国版本图书馆CIP数据核字(2021)第269038号

大数据时代中国传统武术的发展与创新

DASHUJU SHIDAI ZHONGGUO CHUANTONG WUSHU DE FAZHAN YU CHUANGXIN

出 版 人　张　强
作　　者　王立军
责任编辑　钟　杉
出版发行　吉林文史出版社
地　　址　长春市生态大街与福祉大路交汇出版集团A座
开　　本　787mm×1000mm　1/16
印　　张　12.5
字　　数　200千字
印　　刷　长春市华远印务有限公司
版　　次　2021年12月第1版
印　　次　2022年6月第1次印刷
书　　号　ISBN 978-7-5472-8392-9
定　　价　68.00元

前言

Foreword

武术是蕴涵着深奥哲理的中国传统文化瑰宝，历经数千年风雨已然形成以内外兼修、术道并重为特色的庞大运动理论体系。作为民族传统文化的精髓与灵魂，武术有一股催人奋发向上、求存图强的伟大力量，而且当今时代也赋予其弘扬民族精神的使命。随着科技的进步，大数据时代到来。所谓的大数据是一个数据体量和数据类别都十分庞大的数据集，伴随互联网与物联网的快速发展，整个世界进入了以云计算为显著特征的规模生产分享和应用的数据空间。人类开始面对大数据环境。在这一环境中，人类拥有了全面、准确、系统的捕捉信息的技术。这极大地提升了数据信息的存储及处理能力。如今，不管在工作中还是在家庭生活中，我们普遍都使用电脑和智能手机。因此，生活的方方面面都正在被数字化记录和分析中。大数据给人类的生产生活带来了根本性和革命性的转变。那么作为中国的传统武术，在大数据时代要如何发展与创新，使其能源源不断地流传下去呢？

基于全球文化交融的历史机遇，笔者在第一章就对大数据时代中国武术的发展与创新做了研究，从多角度进行分析，先概述了中国武术情况，增加人们对武术基础的认知；接着在第二章对中国传统武术在近现代的发展传承作了阐述，使人们了解传统武术在近现代的发展传承情况；第三章分析了大数据时代中国传统武术的价值；第四章以大数据时代为背景，对中国传统武术的传播问题进行了分析；第五章介绍了不同技术在中国传统武术发展中的具体应用；第六章介绍了大数据时代武术文化产业与网络的融合；第七章阐述了大数据时代中国传统武术文化与非物质文化遗产之间的关系。

本书在写作过程中，一些同行专家、学者的有关著作、论文扩展了笔者的视野，提高了笔者的专业认识与水平，笔者也从中吸取了一些研究成果，在此谨致以诚挚的谢意。限于笔者水平，书中难免有许多不妥之处，恳请同行专家、学者和广大读者给予批评指正。

目录

Table of contents

第一章　中国传统武术

中国传统武术源远流长，是中华民族弥足珍贵的宝藏，在我国乃至世界范围内拥有良好的群众基础。

第一节　认识中国传统武术

一、中国传统武术的特点

（一）动作的技击性

踢、打、摔、击、刺等均为武术运动的动作内容，这些动作内容的显著特征是具有鲜明的攻防技击性。尽管武术套路中部分动作的技术规格和技击原型存在诸多差异，但不变的是武术套路动作技术的核心依旧需要凭借具体的招式来呈现攻防。

（二）内容的多样性

武术运动的具体内容与练习形式均具有多样性的特征。当武术项目所属类别存在差异时，动作结构、技术要求、运动负荷、运动风格四个方面会有或多或少的不同。人们应当在考虑自身年龄、身体素质、实际喜好以及职业特征等基础上选择最适宜自己武术项目。需要着重说明的是，时间因素和季节因素对武术运动参与者产生的影响很小，同时这项运动对练习场地和练习器材的要求较低，所以逐步形成了广泛的适应性特征，为群众性武术活动的开展创造了诸多便利条件。

（三）讲究形神兼备

形神兼备、内外合一的整体运动观是武术的基本要求。内外合一中“内”指的是人的意识与精神以及气息的运行；“外”指的是人的形体活动。武术中许多拳种的练功准则是“外练筋骨皮，内练一口气”。武术中的套路在技术上特别要求紧密结合内在的精神与外部的形体动作，保持意识、呼吸与动作的协调性。从某种程度来说，这个要求具有鲜明的中国传统文化的特色。

二、中国传统武术的价值

（一）技击价值

远古时期的武术主要是人类为生存而和猛兽搏斗的技击术，随后原始社会各个部落之间战争的增加在很大程度上推动了格斗技术的发展，武术运动在历史进程中持续发展。由此得出，技击性就是武术的本质。

自春秋战国以来，民间武术和军事武术的分离程度不断增加，两者分别在不同阶层与人群中传播和发展。在时代持续进步的过程中，很多民间武术家在长期的攻防实践中持续摸索、归纳和整合制胜法则，且将其上升至理论层面，大大推动了我国民间武术流派的产生和发展。从整体来看，各个武术流派的技击特征和功法形式有很多不同，民间武术特色鲜明的攻防技艺也逐步形成。在现代武术持续发展的过程中，尽管一些本质性的东西已经荡然无

存，但武术的技击性依旧有迹可循，所以说传承中国传统武术的技击价值有很大的必要。

（二）交流价值

中国传统武术能使练习者之间的交流和沟通有所增强，有效改善人与人之间的关系现状，对民族团结有很大的推动作用。纵观武术运动的发展历程，越来越多的人成为武术运动的参与者。很多群众性武术活动相继开展，“以武会友”是组织和开展各类群众性武术活动的主要目的。志趣相投的武术练习者在切磋武艺的过程中，交际圈也会有所拓展，与其他练习者进行思想交流的过程中，其认知水平也会得到大幅度提升。武术交流能使练习者彼此间更加了解，人际关系现状也会有所改善，最终促进良好社会环境的形成。

在中国传统武术走向世界的过程中，武术运动在国际层面的交流深度有增无减。在我国学习中国传统武术的国际友人不断增加，同时各国友人在学习武术的过程中也越来越深刻地领会到我国传统文化的独特魅力。除此之外，陆续举办的规模宏大的武术竞技比赛和武术大会增进了我国和其他国家的交流，对推动中国传统武术在世界范围内的发展有显著作用。

（三）审美价值

拥有东方哲学意蕴的审美价值是中国传统武术呈现出的重要价值之一。一直以来，中国传统武术都高度重视内在的自我充实以及外在的深意表现，目的是逐步达到“形神统一”的和谐境界。这里立足于以下几个层面来分别阐析中国传统武术的审美功能。

第一，武术对运动者手、眼、身、法、步等身体动作规范性的要求极高，同时指出习武者内在的精、神、气要与力、功统一，要求习练者要通过外部动作的演练来将自己的精神、节奏与风格体现出来，如此就使得中国传统武术逐步具备了形神兼备的运动特色及审美特征。

第二，在武术的对抗性搏击竞技中，人体的力量美、灵巧美、速度美和柔韧美均得到充分展现，由此推动人们在对抗环境中深刻体会美，且获得愉悦感，武术运动观赏者同样能获得美的享受。

第三，武术中的一些动作是对自然界各种景象或不同动物姿态的模拟，通过模拟大自然来表现我国武术独具特色的含蓄美与深邃的内在美。

（四）经济价值

因为武术活动和广大群众的生产生活存在多重联系，从某种程度来说经济活动方式是武术活动的重要根基，中国传统武术经济价值着重反映在以下几个方面。

首先，武术拥有多元化的体育资源，这些体育资源能推动民族特色经济的可持续发展。

其次，开展武术活动能有效推进体育产业的发展进程，经济效益显著的活动有开发武术培训市场、开展有吸引力的武术比赛等。

再次，大力开拓健身娱乐方面与文化教育方面的消费空间，设法使武术文化更加丰富、发展高度逐年上升，由此使广大群众的健康消费需求获得充分满足。

然后，生产武术用品，推动武术用品业的发展。

最后，将中国传统武术和旅游产业充分结合起来，将武术资源定位成体育旅游资源，并在此基础上大力开发，通过多元化途径为区域经济发展注入活力，提高经济效益与社会效益。

（五）文化教育价值

文化教育价值是中国传统武术的一个显著价值。深入研究中国传统武术的技术思想会发现。其中蕴含着丰富的哲学意蕴与伦理道德，同时中国传统武术明确指出个体发展应与自然相适应，个体要主动掌握与大自然和谐相处的方式方法，这和西方倡导的战胜与征服自然的理念是相反的。中国传统武

术本身蕴含的丰富哲理以及技术传授过程中彰显出来的东方伦理道德观念都对习武者的思想和价值观产生了不容忽视的作用，使得习武者慢慢形成了多重优良的价值取向。中国传统武术的文化教育功能着重反映在以下几个方面。

1.规范社会行为

坚持习练武术不仅能更好地修身，还能有效规范社会行为。规范社会成员的社会行为是中华民族文化的重要组成部分之一，其中蕴含着多重内涵。

从某种程度来说，中国传统武术是在古代“礼仪文化”的基础上逐步发展而来的，中国传统武术中蕴含的武德充分彰显了儒家思想中的“仁”。武术对习武者提出统一自身“德”与“艺”的要求，集中体现了中华民族传统美德，此外武术拜师授艺方面的内容也是儒家文化中“忠恕”思想的反映。

2.培养内心素质

中国传统武术培养个体内心素质的作用集中反映在武术运动中蕴含着诚实守信、尊师重道、顽强拼搏的中华民族优良传统，这对中华民族的民族性格与思维方式的形成和发展具有深远意义，如我国国民的思维方式是高度重视直觉和实际。就中国传统武术来说，绝大多数情况下需要习武者凭借以往得到的实践经验来领会武术内在意蕴、美妙意境以及精妙技巧。因此，习练武术的过程不单单是掌握身体练习方法，也是推动内心深化的教育过程。就未成年人来说，我国优良传统蕴含的文化教育价值能快速在其脑海中产生经久不衰的文化接受基础，对未成年人的身体和心理产生深远作用。对于成年人而言，各种传统美德能把良好的伦理品质和人生理念传达给人们，从而使成年人的思想道德水平得到大幅度提升。总而言之，中国传统武术通过多样化的人体动作集中体现了个体的思想、道德、意念、方式、手段、美感以及文明程度，其具备的文化教育功能在人类多重文化和人类发展历程中都有所渗透。

3.提升意志品质

中国传统武术能有效提升人们的意志品质，绝大多数武术项目都能从

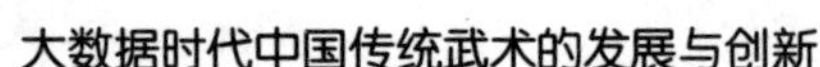

多个层面考验人们的意志品质。对于练习武术基本功的人而言，需要克服身体各部位的疼痛感且不断坚持；对于练习武术套路的人而言，需要克服练习过程中的枯燥感，逐步形成能吃苦的优良品质。在坚持参与武术锻炼的过程中，习武者会逐步形成良好习性和意志品质。

（六）强身健体价值

中国传统武术强身健体的价值着重反映在对人体内外两个方面的影响上：对内产生的影响是调理脏腑、打通经脉、调养精神，对外产生的影响是活动关节、强化筋骨、强健体魄。分析武术运动中的部分动作会发现，练习者要想完成这些动作就要让相关部位主动参与进来，如屈伸动作和翻腾动作等。练习者完成这些动作，一方面能有效强化其肌肉力量、韧带伸展性、关节伸展性；另一方面能强化其神经系统功能、内分泌系统功能、免疫系统功能，最终使练习者体能水平得到大幅度提升。

（七）休闲娱乐价值

在武术运动的比赛和表演中都不难发现，中国传统武术具有显著的观赏价值：首先，技术动作造型呈现出了艺术美；其次，练习者演练套路的过程中呈现出了形神兼备与内外合一的和谐美；最后，参与武术竞赛的运动员在对抗格斗过程中呈现出了娴熟的攻防技巧以及不懈奋斗的精神美。总而言之，中国传统武术呈现出的艺术美、和谐美、精神美都获得了广大群众的认可和欢迎，不仅能从精神层面激励观赏者，还能给观众带来美的感受，也能使观众的精神文化生活朝着多样化方向不断发展。

（八）自卫防身价值

不管是武术的格斗运动，还是武术的套路运动，占很大比例的内容均为攻防动作。练习者参与武术运动和逐步掌握某些攻防格斗动作的过程中，不仅能使其灵活性与反应能力得到进一步发展，还能增强其防身能力。倘若练习者坚持不懈地参与系统性武术训练活动，对功力增长、体质增强、防身自卫都有显著的推动作用。

第二节 中国传统武术的历史溯源和发展走向

一、中国传统武术历史溯源

（一）中国传统武术的起源

对于中国传统武术的源头，大体能追溯至我国古人的生产活动中。在100多万年前，生产资料匮乏和生产水平低下的现实情况使得人们必须组织和参与狩猎活动，人们在和野兽长期斗争的过程中逐步创造了很多种技法，同时使用武器逐步演变成人们为满足生存需求而战胜野兽的独特方式。在50余万年前的“北京人”遗址中就发现了很多种原始工具，具体包括石锤、石刀、骨器、木棍等。随着古人徒手和野兽斗争以及使用器械技术和野兽斗争的经验越来越丰富，人们开始有目的、有意识地应用这些格斗技术，武术在这种情况下应运而生，这也就是原始武术在生存竞争中的起源。

在原始人群各式各样的生存竞争中，人和兽斗是技术得以产生的一项关键因素，人与人之间的格斗也和武术的产生有直接联系。新石器时代末期，在私有制产生的情况下，各个氏族部落为获得更多的财产和领地常常会进行争斗，原始集团之间组织性强的械斗也就由此形成。原始部族的争斗和战争大大加快了武器制作的速度和技击技术发展的速度。原始社会的人们为使部族的战争需求得到满足，把磨制锋利的生产工具当做相互残杀的武器，人们使用兵器的技艺和战争中需要掌握和运用的格斗技术就慢慢演变成独立的技术领域。

为进一步满足原始社会战争的需要，随后产生了战争操练的武舞，人们也将其称为“战舞”，具体是舞者手执不同类型的武器完成击刺动作的演练，武舞拥有实战的功利性。

中国传统武术的起源和包括原始宗教、原始教育、原始娱乐在内的原始文化存在着千丝万缕的联系。巫术与图腾崇拜作为原始宗教的主要形式，多数情况下都是借助原始武舞呈现给大众的。人们在进行狩猎和战争的前后往往会跳武舞，目的是设想自己已经运用击刺杀伐的动作将敌人打败。图腾武舞是原始部落祭祀活动的主要内容，通常情况下会凭借战斗的舞蹈来供奉始祖神物，由此表现内心的崇敬之情。除此之外，教育和娱乐同样是武舞的重要作用，原因在于武舞是将知识、技能、身体训练、习惯培养等方面融为一体的多功能活动。

从整体来说，在我国原始社会生存工具和搏斗技术逐步发展成为战争器械及其技术再发展成为武舞的全过程中，能够分析出中国传统武术的大体发展脉络，也能对中国传统武术和原始文化之间的联系形成更为清晰的认识。

（二）中国传统武术发展历程回顾

纵观中国传统武术的发展历程会发现，其从产生到现在大约经历了三个阶段，其中第一阶段主要指中国传统武术退出军事舞台前的发展历程，第二阶段主要指20世纪到21世纪之间的发展历程，第三阶段主要指武术自21世纪开始到现在漫长的发展历程，具体如下。

1.以军事战阵技能和个体实用技术为主的发展阶段

辩证唯物主义指出，事物始终处于持续发展和不断变化的状态下。我们对任何事物都应当从历史的角度和发展的角度分析，对于武术同样如此。一方面，不可因古代武术属于技击术中的一种，就机械地认为现阶段中国传统武术的性质依旧是技击术；另一方面，不可因现阶段的中国传统武术的主体性质是体育，就把古代武术也理解成体育。自很早开始，武术都是以技击实用技术的角色存在和发展的。对于远古时期的先民来说，他们为避免受到凶

禽猛兽的侵袭而不得不被动自卫。原始人从个体到氏族部落都会因为切身利益组织和参与各式各样的争斗或者战争，这些都为中国传统武术的初步发展注入了巨大的推动力。因此，中国传统武术是原始人为进一步满足生存需要和自卫需要，在长期参与斗争的过程中逐步形成的。

武术的产生规定着武术的发展。原始人个体间的私斗和氏族部落间的集团战争都在很大程度上推动武术沿着民间武术和军事武术两条线逐步发展。具体来说，民间武术就是个体间与小团体间出现利益冲突时，人们为达到攻防技击目的和防身自卫目的而运用的技术；军事武术就是用于集团战争的军事格杀技术和相关的个体技术。通常情况下，民间武术的大多数技术是个体技术，主要目的是将对方制服；军事武术的大多数技术是群体战阵和协攻协防的技术，主要目的是使对方受伤、残疾甚至死亡。

近些年来，部分学者提出了军事格杀的技术不在武术范畴内的观点，从本质上来说，技击特征是中国传统武术最显著的特征，冷兵器时代在军事领域产生的群体格杀技术是规模最大的技击，这些群体格杀技术具备明显的技击特征，所以其必然在武术的范畴中。戚继光的《纪效新书》、何良臣的《阵纪》等武术资料强有力地说明了军事和武术之间存在着千丝万缕的联系。倘若把军事和武术视为两个集合，军事武术就是这两个集合的交集。

从广义层面来分析，民间武术是个体“军事”，古代乃至现代的很多习武者都想要达到防身自卫的目的，而民间武术恰恰一直沿着攻防技击的方向持续发展。

毋庸置疑，武术在以军事战阵技能与个体实用技术为主的发展历程中，不可避免地受到了我国传统文化的影响，我国传统文化对武术的影响过程恰恰是中国传统武术在以军事战阵技能与个体实用技术为主的发展过程中与中国传统文化融为一体的过程。

通过上述讨论和分析不难得出，国家或个人用于防卫的工具就是古代武术的本质。

发展至宋代后，火器逐步被应用于军事领域，火器的广泛应用导致军事武术体系呈现出衰退趋势。但需要说明的是，军事武术完全退出军事领域的时间是20世纪初。1901年，光绪帝废除武举制是武术退出军事舞台的重要标志，尽管少数军队中依旧存在作为武术实用技击术组成部分的军警格斗术，但只是小范围的，不能和古代“堂堂之阵”的两军对峙相比。对于小范围内的民间武术发展现状，有学者指出，发展至19世纪末期，民间武术家依旧或多或少地侧重于应用格斗技能。发展至民国，在西方体育的影响下，中国传统武术逐步朝着近代体育的方向发展。武术朝着体育的方向发展是中国传统武术即将迈入崭新发展阶段的重要标志。

2.以政治和经济工具为主的发展阶段

中国传统武术的体育化发展过程是一个曲折渐进的过程，具体如下。

（1）侧重于政治的发展阶段

有学者认为，西方体育传入中国后，我国着重接受的是形式。体育于20世纪初期传入我国，这个时间段恰恰是西方体育在战争和殖民扩张影响下被扭曲成政治工具的特殊历史阶段，率先传入我国的体育是在军、国、民主义思潮影响下产生的兵操，兵操作为体育形式中的一种在军队和学校中大范围开展起来，开展兵操的直接目的是培养军人。在这一历史背景下，马良创编了“中华新武术”，其创编目的是更好地训练军警与学生。

从历史的角度来看，20世纪初期废除武举制与严厉禁武的举措使得中国传统武术的发展面临很大阻碍，民国成立后中国传统武术迅速崛起且在20世纪30年代左右迎来新的发展高潮，这和当政者深刻认识到军、民、国教育价值有很大关系。很多人认为日本在中日甲午海战中获胜的原因是日本大力倡导武士道精神。这些人指出，尽管武术在军事中充当直接作战方式的价值已基本丧失，但武术的精神教育价值并未消失，在这种观点的影响下，武术慢慢演变成军、民、国教育的关键内容。1904年，梁启超在《中国武士道》中率先提出发展武术教育的观点，教育家徐一冰于1914年向教育部上书“拟请于学校体操科内兼授中国旧有武术，列为必修科以振起尚武精神”，教育部于1915年采纳徐一冰的建议。在当时的社会背景下，各式各样的武术社团和

会馆都大力倡导“尚武精神”，武术逐步演变成为振奋民族精神、塑造尚武国民以及“强种保国”的教育方式之一，这在很大程度上提高了民国时期武术的社会地位，在中国传统武术的发展过程中注入了很大的推动力。

发展到民国初期，在国家大力倡导民族精神教育的影响下，基于武术运动的尚武思潮迎来了崭新的发展机遇，尚武思潮在九·一八事变后被推到最高点。在“强国强种”观念的影响下，张之江于1928年在南京建立中央国术馆，随后将国术馆推广至我国多个省市和地区，自上而下的全国国术馆系统逐步构建起来，这标志着20世纪武术发展出现首个高潮。

综上分析不难得出，尽管民国时期的武术已经从一门实用技术发展成体育，但推动其发展的主要力量并不是其作为体育项目所具备的体育独有的人文价值，而是其具备的军、国、民教育价值，即政治价值，是武术在那个时期快速发展的关键原因。

在新中国成立初期，我国迫切需要完成的任务是冲破桎梏、采取多元化手段展现新中国形象、提高国际地位，所以体育界大力发展高水平竞技来彰显社会主义优越性就演变成无产阶级的政治需要。除此之外，针对当时我国大力发展生产力的实际需求，体育界人士开始大力发展体育运动和提高全民体质水平，目的是为社会主义建设提供更好的服务。因此，在当时的社会背景下，体育理论也顺承锻炼身体、增强体质、用于生产、增加财富的发展思路。此外，很多和娱乐、休闲、享受、资产阶级味道有关的学科理论被舍弃。

针对包括武术在内的民族体育的发展态势，《新体育》1953年的一篇新社论指明了新方向，随后武术套路逐步变成武术发展的主流，同时呈现出良好的发展态势。但值得一说的是，这个时期蕴含着浓厚传统文化色彩的传统武术遭到冷遇，很多优秀拳种在特殊时期被打入冷宫。

20世纪70年代的“乒乓外交”在很大程度上改变了我国的外交局面，此外，中国传统武术队陆续出访也发挥了很大的作用。举例来说，1973年中国传统武术代表团访问美国并受到了尼克松总统的接见。中国传统武术代表团在这一时期也先后访问了世界多个地区，充分彰显了新中国的新形象。

以上论述也间接揭示了那个时期竞技武术套路演变成武术发展主流的原因，即竞技武术套路能向世界展现新中国的新形象，能有效提高新中国的国际地位，其发挥的政治作用尤为显著。

自我国实施改革开放政策开始，从我国体育代表团出征奥运会的过程中发现，发展高水平竞技运动和增加金牌数量成为世界各国展示综合国力的一种方式，诸多国家纷纷踏上竞技体育发展的道路。从我国整体情况来看，竞技体育进一步唤醒了广大国民的爱国热情，对我国民族凝聚力的增强产生了显著作用；具体到我国各省（市）、各地领导开始把注意力聚焦到全运会上，他们尝试通过大力发展竞技运动和增加金牌数量来显示政绩，全运会中的竞技武术自然也被高度重视。

通过上述分析不难得出，在西方体育的影响下，逐步朝着体育方向发展的武术倾向于为政治服务，政治需要对武术发展有决定性作用。因此，当下我们要从历史的角度分析20世纪的中国传统武术密切联系当时的社会背景，对中国传统武术的政治功能予以高度重视，深入探究体育的国民教育价值，积极向世界展现新中国的新形象，符合我国国情和整体发展局势，也是中国传统武术发展历程中的一个正确选择。

（2）侧重于经济的发展阶段

发展至20世纪末期，相关学者在总结我国近一个世纪的发展情况时指出，自进入20世纪以来，西方体育从各个方面侵入东方，20世纪初期被引入我国且深受军国民思潮浸润的兵操使得提高国民体质水平的生物体育观延续到今天。随后，在竞技运动大批量传入的背景下，我国出现了追求金牌而忽略体育人文价值的问题。在即将进入21世纪时，许多学者都对体育的人文价值进行了深层次探讨。在历史车轮持续前进的过程中，高度重视中国传统武术的人文价值成为武术的发展走向之一。

当中国传统武术的人文价值初步受到重视时，中国社会正式进入大力发展市场经济的新时期，市场经济浪潮对社会各个方面都产生了很大影响，中国传统武术也不例外。20世纪90年代，足球运动以及诸多体育项目都纷纷走

上了职业化的发展道路，中国传统武术也开始思考进入职业化领域。在20世纪和21世纪交汇的时间节点上，中国传统武术和国外技击项目对抗赛的开展以及散打王争霸赛的运作标志着中国传统武术正式踏上商业化和职业化的道路。竞技武术套路同样以该角度为立足点，为充分彰显中国传统武术的艺术性，开始对中国传统武术的场地、服装、器材、音乐、演练场景进行系统而全面的包装。兴起时间较短的传统武术赛事同样呈现出了良好的发展局势，也在逐步向这个方向靠拢。

在体育朝着职业化和商业化方向发展的过程中，竞技体育中的商品意味愈发浓厚，很多人使出各种手段赢取金牌，弄虚作假、不公正比赛、使用兴奋剂的事件相继被曝光。对金牌和附属利益的过度追求，使得原本作为竞技主体的运动员成为体育竞技的工具，沦为金钱与物质的附属物品。这些负面问题诱发了有技术无理想、有金牌无品德的体育异化现象，人体和精神背离发展的不良现象越来越多。具体到我国最早踏上职业化发展道路的足球运动，其中很多负面新闻都是经济利益驱动的结果。就我国民间来说，各个地区的武术馆校追求利润最大化，此外很多民间拳师甚至明确指出传授一个招式的具体价格。在全运会和省运会等诸多重要的武术赛事中，很多运动员为在比赛中获胜甘愿付出任何代价，原因在于他们的比赛成绩和奖励金额直接相关。学术界的很多学者和研究人员同样存在急功近利的心态，都自觉转移到研究武术产业化和武术职业化的阵地上。包括中国传统武术在内的诸多体育项目纷纷演变成很多人获取经济利益的工具。

毋庸置疑的是，经济利益驱动力持续增加对中国传统武术的发展产生了不容忽视的催化作用，武术同样能作为赚钱的工具，我国允许相关学者参与到武术产业化的研究中，但不应将其作为武术发展的主流，武术发展的永恒主题应当是回归至文化层面，植根于文化、立足于文化视角探索的研究方向。

3.以追求自然、和谐、休闲等文化因素为主的发展阶段

相关学者提出，政治和经济对竞技运动产生的影响犹如一把双刃剑，产生巨大推动力和负面影响的情况均有可能发生，既有可能是外部推动力，也

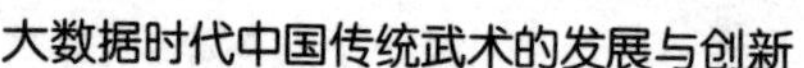

有可能是内部肿瘤。未来体育不应只侧重于探索彰显本国国际地位、实现政绩最大化、获得最大利润的方式方法，应当从服务于政治和经济的漩涡中逐步回归到以人为本、健康第一、服务于提高人民生活品质的文化层面。进入21世纪后，体育界诸多学者呼唤体育人文精神，这无疑会对中国传统武术今后的发展走向产生启示作用。

体育服务于政治与经济绝非只是历史现象，也绝非是亘古不变的。尽管政治与经济能对体育发展产生或多或少的推动力，但是无法涵盖体育休闲文化本质。随着生产力迅速提高和物质财富日益丰富，在体育休闲时代越来越临近的情况下，广大群众在武术方面的需求呈现出和谐、统一、自然的走向，人们越来越青睐中国传统文化特色鲜明的武术。就当前来说，中国很多传统武师在世界各国有着极高的地位，有很多国际友人来我国潜心学习中国文化特色鲜明的传统武术，这从某种程度上彰显了拥有中国传统文化特色的中国传统武术在今后的巨大发展潜力，所以说蕴含中国传统文化特色的武术拥有广阔的发展空间。具体来说，被广大群众誉为“君子之争”的太极推手已经逐步发展成群众首选的活动方式，太极拳别具一格的健身价值在20世纪初期的“土洋体育”之争中就被研究证实，毛泽东同志和邓小平同志也在中华人民共和国成立后肯定了其价值和作用。作为诸多健身运动中的一种，太极拳是任何体育锻炼形式都无法替代的，当前的太极拳具有巨大的影响力，统计显示群众学练太极拳运动的国家和地区已经达到一百多个。相关报道指出，美国宇航员遨游太空前都会学练太极拳，原因在于太极拳运动适合在失重情况下练习。非竞技性的太极推手属于太极拳系中一个训练听劲和化劲的中间训练环节，其不仅蕴藏着鲜明的中国传统文化特色，同时比单方面的套路运动更有趣，所以逐步演变成当代人优先选择的一种武术活动方式。

就当前来看，攻防技击类武术将成为青少年群体展示攻击本能和掌握自卫手段的一条途径。相关调查结果显示，当前很多高校学生认为武术初级套路很乏味，而对武术的散打表现出了浓厚的兴趣，仅有少数发展速度缓慢且相对闭塞的学校武术课仍然在压抑学生的兴趣，强制学生学习20世纪50年代

创编的初级套路。一些学生去武校学习跆拳道和拳击来满足自身欲望的现象充分说明青少年群体在武术方面的实际需求。出现这些现象的主要原因是武术套路练习对参与者的基本功提出了很高要求，参与者想要掌握并练好武术就必须克服多重困难。此外，武术套路练习十分枯燥，而包括散打、推手以及短兵在内的开放性活动能有效激发学生的兴趣和主观能动性，所以开放型武术和体育人文发展走向更加吻合，未来市场空间也很广阔。

综合分析体育发展的整体趋势不难得出，竞技武术终将冲破政治经济的锁链，逐步回归到以人为本的文化层面上。从某种程度来说，竞技武术应当是深入发掘个体在套路演练中或技击对抗中能力极限的武术，应当是彰显人体至高竞技能力的武术，应当如诸多竞技体育项目那样聚集着人类良好的意志品质，所以说今后的竞技武术应当着重彰显自身的文化价值，而不是政治和经济价值。在时代车轮不断前进的过程中，越来越多的人意识到竞技场是人们各种原始攻击形式的替代物，同时凭借文化性的仪式和规则逐步升华。竞技比赛把攻击性逐步引至有益的渠道，并不是要从肉体上消灭同类，而是在公平竞争的基础上使对手自愿承认获胜者在体格方面与智力方面的长处。相继开展的各类竞技比赛充分彰显了维护人类和平在社会层面的深远意义。观赏是竞技比赛在人类精神需要层面的独特价值体现，观赏价值会伴随竞技比赛水平的提升而提升，当前观赏竞技比赛正逐步发展成现代人精神生活中的重要组成部分。在社会持续发展的过程中，竞技武术和竞技体育相同，其作为政治与经济工具的形象正在慢慢淡化，并且逐步回归至以人为本的文化层面上。

综上所述，今后武术的“工具”形象将会逐步淡化，并且朝着“以人为本”的文化层面发展，如此推动武术慢慢过渡到以追求自然、和谐、休闲等文化因素为主的发展阶段。但需要明确的是，中国传统武术从第二个发展阶段过渡到第三个发展阶段并非是在极短的时间内完成的，过渡过程可能要耗费很长时间，这主要取决于社会发展速度、武术工作者的研究成果、决策部门引导作用的大小。

辩证唯物主义指出，事物之间存在着普遍性联系，作为社会大系统中的武术自然也会受到这个大系统的影响。在社会不断发展、生产力日益发达、物质财富不断积累的过程中，当广大群众的主导性需求由物质需求转变成精神需求时，当广大群众无法继续承受因竞争产生的精神压力、无法继续忍受重物质轻仁义的社会现状时，人们会自觉淡化看重经济效益和侧重于竞争对抗的心态，主动调整为追求自然、和谐、统一的社会环境的心态。在当前的社会大环境下，中国传统武术由第二个发展阶段过渡到第三个发展阶段已经成为必然趋势，武术界学者在现阶段的呼声相当于量的积累和理论层面上的准备，社会条件允许就必然会出现质的飞跃，各项理论会在决策部门的指导下变成现实。

二、当代传统武术的发展现状和走向

（一）当代传统武术的发展现状

1.传统武术不够时尚

武术是中国传统文化的重要组成部分之一，武术形成和发展的过程也是不断适应我国不同文化现象的过程，经过长期发展和适应逐步形成了多样化的拳种和练功理论，特色鲜明的练功方法和别具一格的运动形式也逐步形成，这是存在于我国的一种特殊的文化现象。但有可能是因为中国传统武术蕴含着厚重的中华文化，所以当代人忽视了中国传统武术和当今时代文化的结合，显得过于老套而不够时尚。综合分析跆拳道和空手道等项目会发现，这些运动项目以其简便易学的形式得到了青少年群体的肯定和欢迎，特别是跆拳道仅在短短几年的时间内就在我国多个城市迅速发展，逐步成为青少年群体追求的“时尚”运动。武术运动参与者多了解跆拳道就会发现这项运动的特点十分鲜明，但如此简单的运动形式却在武术文化源远流长的中国快速发展起来。除了跆拳道推广模式发挥作用以外，主要因为跆拳道的各项特征使现代人的审美需求得到了满足，并逐步发展成一种时尚。跆拳道在中国的推广和发展恰恰说明中国传统武术的推广思路有待完善，我们不能在致力于推崇传统文化的同时忽略了时代需求。

2.对武术的整理过于书面化

就现阶段来看，传统武术中发展最好的项目莫过于太极拳，主要原因有影视宣传作用显著、健身价值和中老年人强身健体的需求充分吻合，但最重要的原因是太极拳理论基础丰富而完整，诸多有识之士都付出了很多努力。中国传统武术的拳种有很多，将这些拳种全部推出显然很难，但挑选几种符合多个年龄段群体需求的拳种进行重点宣传和推广是比较容易实现的。宣传和推广中仅仅找出相关拳种的历史资料、拳谱、照片、套路显然无法达到预期效果，应当理清中国传统武术的技术技法特征和功法特征，深层次剖析各项技术形成的阶段以及每个阶段的训练内容和训练手段，此外在参与武术练习的实践活动中积极改进、整合、优化具体拳种的理论体系，加大对该拳种后备人才的培养力度，这里所说的培养应当包含技术培养、功法培养、理论知识培养等，有目的、有意识地传授已经挖掘且经过整理的传统项目，从根本上改善中国传统武术的传承效果。

3.受新型娱乐设施的冲击和影响

纵观中国传统武术的发展历程不难发现，武术发展唯技击论的导向是一个重要阻碍，同时很多人固执地认为武术等同于技击。不可否认，中国传统武术确实具备技击性特征，但是武术的唯技击论对其发展进程产生了很大的限制作用，原因在于当下有无数体育休闲项目能满足广大群众的休闲需求、娱乐需求以及健身需求。从某种程度来说，武术难练、难学、见效慢这三个方面的不足加大了武术适应社会节奏的难度，很多兴起时间较短的健身项目都对中国传统武术造成了猛烈的冲击。在社会持续进步和广大群众生活节奏持续加快的大背景下，包括健美操和网球在内的诸多西方健身运动进入中国大众的视野中，中国传统武术受到前所未有的冲击。对大众健身人群进行调查发现，多数人都倾向于选择简便易学的健身方式，将武术选定为健身方式的人很少，这就是武术在当下面临的危机。如果不把时代特色鲜明的内容赋予传统武术，武术运动的群众基础难免会越来越薄弱，武术将会被兴起时间短、简便易学的健身方式逐步替代。

4．“神秘感”对武术发展有消极作用

在大众的认知里，习武之人往往隐居于山林深处和寺庙净土之地，同时只有得到很多奇缘的天才才能真正悟到中国传统武术的真谛，才有可能成为武术界大师级的人物。多数人对武术的评价是变幻莫测、高不可攀、飞檐走壁，所以说原本真实的中国传统武术被人们蒙上了一层神秘的面纱，武术成为虚无缥缈的化身。但我们需要清醒地认识到，“神秘感”过头会影响广大群众对武术的认知。举例来说，如果习武者旨在追求想象中的“武林神功”，那么他经过长期艰苦习练后会发现自己掌握的“功夫”和想要获得的“武林神功”有很大差距，使这些习武者失去习武的信心，对武术产生悲观失望的态度。这种心理落差和悲观失望的情绪是很多习武者不能坚持习练武术的一大原因。

5.现代传播媒介为武术神秘之树“施肥”

整体来说，武术影视作品和武侠小说在扩大中国传统武术影响力的同时，也因片面性、夸张性、多样性的传播方式使武术功力被虚拟化和扩大化。近现代的绝大部分人对中国传统武术的认识都是在民间武林传说、武侠小说、武术电影电视中获得的。举例来说，《江湖奇侠传》的问世有效扩大了中国传统武术的影响力，《少林寺》等诸多武术影视作品深受广大群众的认可和欢迎，包括李小龙、李连杰、成龙在内的武术明星为中国传统武术在世界各地的传播和推广贡献了很大力量。但这些方面的推广使得武术充满了神秘感。因此，现代传播媒介等同于给充满神秘感的武术之树“施肥”，从而进一步增加了武术的神秘感。但武侠小说和武侠电影中或多或少有不同于真实武术的地方，这些不同之处在很大程度上夸大了武术的客观功效，造成人们未能对武术形成客观的认识，对武术的大范围推广产生消极作用。

（二）当代武术的发展走向

1.传统武术的发展走向

传统是时间概念，历史的事物发展到当下会被纳入传统的范畴，当下的事物发展至若干年后也会被纳入传统的范畴，同理当下的竞技技术在百年后会被后人叫做传统的竞技武术，但百年后被称之为传统的竞技武术和原本意义上的传统武术是有差异的。当传统武术作为一种特指的名词概念时，确切含义是自明清以来凭借家传形式表现的流派武术。

虽然竞技武术允许多个拳种同台竞技，但竞技武术致力于追求统一尺度下标准化的武术，同时其要求评判标准仅能是一种尺度、一种标准。倘若不同武术流派都根据自身的标准来展示，则可将其判定为非真正意义上的竞技。

传统武术是世代武术大师积极传承后遗留给后代的巨大文化财富，劲力和招法精妙绝伦、哲学思想丰富、富有美学意蕴，是名副其实的非物质文化遗产。

但必须重申的是，历史拥有鲜明的荡涤性特征，并不是所有传统武术都应被纳入后人积极传承的名单，很多价值偏低、技术有待完善的传统武术和时代发展节奏明显不符，所以淘汰一部分实属正常现象。但当代人必须自觉传承优秀的拳种、绝妙的技术，一旦流失就会成为遗憾。

当代人保护和传承的传统武术，不只是要具备历史“沧桑”的价值感，更要为后人的探索、研究提供可参考的价值。

原汁原味的传统武术不仅具有历史“沧桑”的价值感，更便于后人去探索它、研究它、发展它。但并不是说寻根意识和当代意识是对立和冲突的关系，当代人应当致力于探寻本根，尽最大努力根据原貌保存和保护它，并在寻根溯源的过程中积极完成再创造。借助非物质文化遗产的形式保护传统武术是一项重要任务，科学创造置身于历史大潮中的传统武术并使其符合时代发展走向同样是一项重要任务。

在创造传统武术的过程中，当相关人士的层次、阅历以及文化资质存在差异时，他们创造出的新武术同样会有很大差异。我们无需将过多精力用于

批判竞技武术运动员习练传统武术“四不像”的问题，只要竞技武术运动员自觉向民间拳师请教和学习，他们必定会凭借自身较高的综合素质在创造和传承中获得理想成绩。倘若竞技武术运动员以敷衍的态度参与比赛并获得相应资格，以骄傲自满的态度向民间拳师请教相关问题，那么他们创造出的新武术就犹如无本之木，缺少厚实的根基。

2.大众武术的发展走向

大众和群众这两个词语有很大不同，大众着重指西方民主制度下的大多数人群，和大众对应的词语是精英。换句话说，大众不存在官民之分，当政界的社会精英作为大众体育参与者时，同样是大众中的一分子。大众武术与竞技武术或者民间流传的传统武术不同，它源于最大的人群中，从本质上来说就是生活中的武术。

一些人以为降低竞技武术的难度即可推向大众，但并不意味着大众会接受，原因在于其模式不对，它并非一种大众亲自创造的技术模式。与此同时，大众武术并非传统武术，现实情况表明传统武术拳师门下的徒弟呈日益减少的趋势，主要原因是传统武术未能及时优化，跟上时代节奏，这就造成多数人远离传统武术、极少数人痴迷于传统武术或作为非物质文化遗产传承人继承传统武术的局面。

大众武术是时代的武术，应当成为广大群众日常生活中的一个组成部分。如果人们对大众武术有浓厚兴趣，必然会有很大的主观能动性。如果人们需要大众武术，必然没有动员的必要性。有关人员应当立足于崭新的视角全面思考大众武术的模式、方法、内容，坚持不懈地完成相关的试验和更新工作。至于大众武术应当有多少养生价值、多少审美趣味、多少时尚象征，则需要武术工作者付出更多的时间和精力来研究和实践。

大众武术对构建和谐社区发挥了很大作用。举例来说，木兰拳作为适合中年妇女锻炼身体的一种运动方式，虽然某些内容和传统武术基本特征不吻合，但深受广大群众的肯定和喜爱，不得不说木兰拳是一项可喜的创造。

3.竞技武术的发展走向

通过归纳和整合发现，广大群众对竞技武术的主要看法是成材难，发展成高水平运动员的难度大、周期长、淘汰率高，比赛观众也屈指可数。就比赛观众少的问题，一方面是因为比赛枯燥、雷同、吸引力不足；另一方面是因为观众看不懂。

但作为现代人不应遗忘竞技武术在成长初期的状态。不可置否，竞技武术是西方体育影响下形成的产物。西方体育不仅使武术传承方式由师徒传承变成学校集体教学，还提出运动员要在遵守相关规则的前提下参与武术比赛，提出武术运动要实行标准化，要在动作规格、难度动作以及演练水平三个方面多下工夫。

我们每一个人都应当从历史的视角看待竞技武术，当武术在民间处于最底层时，以武谋生的人往往是保镖、护院者、教拳卖艺者，武术作为一项社会生存技能其地位必然比较低下，武术被高度重视是在国家大力倡导“尚武精神”的历史阶段，但武术在多数时间内都处在社会底层。武术可以从民间底层发展成国家大力开展的一项体育项目，无疑实现了质的飞跃。武术服务于国计民生，且是中华民族弥足珍贵的精神财富。

诸多现象证实，竞技武术的确存在不中不洋、四不像、为进军奥运会“削足适履”的问题，但我们应当换一个角度，把竞技武术当做是武术中的一个分支。但把竞技武术视作当代武术的唯一必然并不妥当，同时竞技武术在改革过程中的弊端也是不可否认的。

竞技武术应当存在，但存在的关键和根本是与传统武术充分结合在一起。对于竞技武术来说，当务之急是厘清和把握武术的规律，积极主动地挖掘和吸收传统武术的精华。竞技武术脱离传统武术的后果是越走越偏，只有和传统武术相结合且深入挖掘，并整理传统武术的成果，才能免于被入库封尘，才能始终拥有旺盛的生命力。武术界的相关人士应当鼓励和督促高水平的运动员扎根民间潜心学习，对在民间整理出的资料进行提炼与选取，使当今的武术套路更加丰富多彩。

每当作曲家前往民间采风时，都会最大限度地汲取民间万事万物的精华和养分，由此编创出百姓喜闻乐见的歌曲，这值得武术教练和武术运动员学习和借鉴，此种方式能使自选套路蕴含的武术特色更加鲜明、文化底蕴更加深厚，更能有效推动传统武术的创新和完善。

4.学校武术的发展走向

学校武术是大众武术的一个重要分支，学校武术的开展和普及至关重要。日本柔道和韩国跆拳道都已经是学校的专门课程，原因在于普通教育是所有人都需要经历的，抓好学校武术是扩大武术普及范围的一条有效途径。

学校是发展民族传统体育的重要阵地，将武术传播至学校具有战略性意义。站在历史的角度来审视，中国传统武术往往是在民间下层社会传播，封建社会中几乎找不到武术学校的踪迹，这大大增加了武术传播至上层社会的难度。将武术传播至学校的意义是：一方面能使潜在的社会名家逐步演变成武术教育的接受者；另一方面能充分挖掘某些特定人群在武术未来发展道路上的价值。教育发展到今天，绝大多数人步入社会前都会接受学校教育，所以说学校是不容忽视的大型传播阵地，具备人员集中、人数众多这两重优势。综合分析发现，很多发展态势良好的运动项目都是把学校设定为传播起点，在此基础上慢慢传播到社会各个角落。比如足球运动、橄榄球运动、德式体操、军事学堂的兵操等诸多运动项目和游戏，它们都是在发挥学校中介作用的基础上逐步向高水平竞技项目过渡。很多民族体育项目在各级各类学校大范围推广、普及、训练、提高、完善之后，逐步在体坛中占据一席之地，随后发展成全人类共同享有的体育文化财富。纵观已经成功进军奥运会项目的日本柔道和韩国跆拳道会发现，这两个运动项目都是在充分发挥学校对青少年的传播作用后，由在青少年群体中传播过渡到在社会各界人士中传播再到走向世界。在竞技武术呈现出良好发展势头的情况下，学校武术的发展现状有待改善。学校武术要想实现可持续发展，就必须真正地走进学校，通过多元化途径使自身成为深受学生喜爱的运动项目。此外诸多研究成果也提出了发展学校武术的深远意义。总体来说，武术向学校传播的过程中，应当认真完成以下几项工作任务。

（1）使武术真正走进学校

设法获得教育部的支持，促使武术真正走进学校体育课堂。要想使武术真正走进学校需要妥善处理好两项问题：第一项问题是师资问题，即各级各类学校都需要有专门的武术教师；第二项问题是课程内容，即选择哪些武术内容在学校传播。学者郭玉成在国家武术运动管理中心了解到，发展学校武术已经被提到工作日程中，并已初步取得成效。值得一提的是，学校武术的内容务必和大学生、中学生、小学生的体质特征相符，不仅要达到典型性要求和安全性要求，还要集文化性、体育性、娱乐性、技击性这四项特征于一体。

（2）充分发挥武术的文化教育功能

中国传统武术是文化艺术项目中的一种，文化艺术教育能为民族精神的弘扬和民族凝聚力的增强发挥积极作用。纵观我国政府部门近些年制定的相关政策会发现，中宣部和教育部等多个政府部门都在适度增加武术等内容在体育课中的比重，同时还把武术教育设定为弘扬和培育民族精神的一条有效途径。

从根本上来说，通过文化艺术对民族精神进行培育和弘扬始终是社会主义文化建设的关键性课题。保存和维护民族文化艺术以及推动民族文化艺术走向世界的过程，都是对民族文化和民族精神进行弘扬的过程。中宣部和教育部将培育和弘扬民族精神的实施对象设定为青少年群体，究其原因，我国各级学校在很长时间内都高度重视应试教育、忽视素质教育，这造成很多青少年对中国传统文化的认识较少，少数青少年甚至存在数典忘祖的现象，这些方面的问题使得我国多个领域的拜金主义倾向和享乐主义倾向十分明显，在很大程度上冲击了传统文化的价值观念，而这种世界观和价值观对青少年群体产生的影响十分深远。一旦没有优秀文化和高尚精神来引导青少年，就会大大增加青少年的迷茫感。基于以上问题，在青少年群体中培育和弘扬民族精神就显得十分必要。在学校诸多课程中如语文课、历史课、德育课以及集文化教育和身体教育于一身的武术课等都可以渗透民族精神教育。中国传

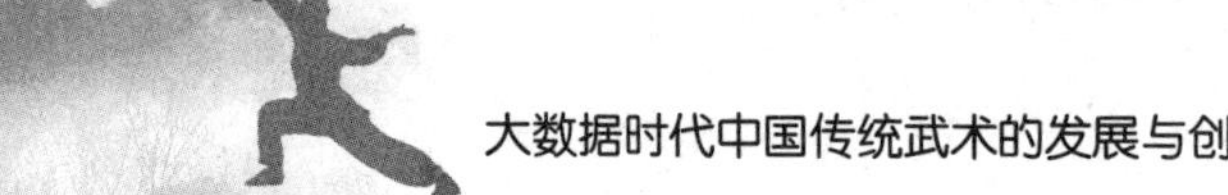

统武术蕴含着很多传统文化，武术教育的本质就是全方位的传统文化教育，切实有效的武术教育可以很好地培育和弘扬民族精神。

需要补充的是，开展和实施武术教育的过程中要把武术的教育作用发挥得淋漓尽致，将武术教育在弘扬民族精神和增强民族凝聚力两个方面的作用发挥至最大，这不仅是学校传播的可行性策略，而且是中国传统武术应当肩负的历史性使命。

（3）广泛开展学校武术比赛

开展学校内外的武术比赛，可以为学校武术的开展注入巨大动力，原因在于以比赛的形式传播武术能对人们产生强大的吸引力，进而大幅度增加武术练习者的数量。可供学校选择的比赛形式有很多种，如组织全国性的武术比赛，或者组织地方级的大、中、小学生武术比赛等。

（4）实行组织传播方式，开展会员制

相关人士应当在各个学校建立武术协会并实行会员制，坚定不移地走群众路线。多项调查结果显示，武术会员制作为一种传播方式能获得理想的传播效果。在开展武术会员制的过程中要充分发挥其引导性作用，有目的、有计划地在我国各级各类学校中全面试行，也可以允许各武术协会组织不同形式、不同规模的武术赛事。

第三节　中国传统武术的传承

一、中国传统武术传承的内涵

（一）传承概念解析

在古代汉语中，“传”和“承”是分离的，“传”多用于知识的传授，

如《论语·学尔》："传不习乎"；"承"有接续、继承之义，如《诗·小雅·天保》："如松柏之茂，无不尔或承"；"传承"被组合运用首见于民俗学研究中。"传承"是时下使用频率颇高的一个新词，只有在商务印书馆1996年版的《现代汉语词典》中有简短的"传承"词条，解释为："传授和继承。"乌丙安先生认为，传承性是民俗发展过程中显示出来的具有运动规律性的特征，这个特征对民俗事象的存在和发展来说具有普遍性。其实，文化传承现象不只局限在民俗学范畴，传承的本质是文化的延续，传承是传统文化的根本性特征。传统武术传承的内容，不仅仅是技艺、智慧、道德和审美，更是一代代先人们的生命情感和历史印记，它让我们直接、真切和鲜活地感知到古老而未泯灭的传统文化。传统武术作为传统文化的优秀代表，作为一种非物质文化遗产，正是有赖于传才得以世代相承、绵延不绝。

（二）传统武术"传承"与"传播"的辩证关系

《现代汉语词典》对"传播"解释"广泛散布"。据方汉奇教授考证，"传播"一词早在1400年前就已出现，始见于《北史·突厥传》曰："宜传播天下，咸使知闻"。根据现在的传播学研究，有关"传播"的定义较多，基本表达为人与人或群体之间借助语言和非语言符号，直接或间接地传递信息、情报、意见、感情等的过程。传统武术在其漫长而悠久的发展历程中，传播形式不外乎以下几种：家庭传播是武术发展的主要渠道；区域传播是武术发展的显著特征；结社传播是武术传播的特殊形式；寺院传播是武术传播的重要场所；武举、武学制度的产生，促进了武术的传播和发展。传统武术需要传播，通过传播使更多的人认识它、了解它，体验它在文化和精神层面的文化价值，如少林武僧的国外巡回访问和表演，就是将中华武术带至国际上的传播。

传统武术的保护不止于"传播"，传播是现象行为，不能表明接受状态，在非物质文化遗产保护视角下，传统武术更需要"传承"，使其文化含量得到进一步提高，使其文化得以延续。传统武术的"传承"与"传播"具有相关性，既相互促进也相互制约。深入民间的广泛传播将有利于建立传承

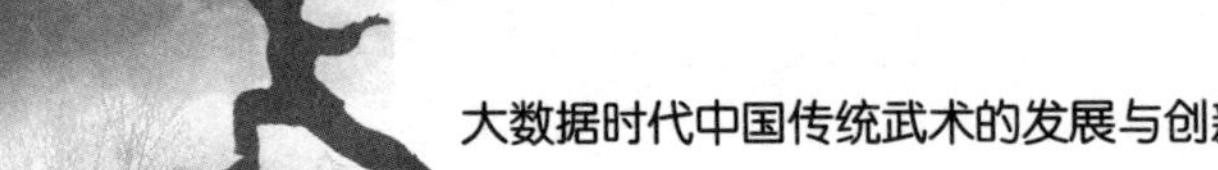

中所需的良好的群众基础和生态环境；有效地传承又将使传统武术文化遗产恢复强大的生命力，加速传播的效率，扩大传播的范围。仅强调传播，将弱化传统武术的本真性，容易消解传统武术原有的文化个性，影响传承。但一味地紧抓传承，不能将其蕴藏的优秀文化价值转变成人们的物质和精神财富，必将失去民众基础，丢失其赖以生存的土壤。对非物质文化遗产的传统武术进行保护，要求我们在传播中传承，在传承中传播。

（三）传统武术传承的实质即为继承与创新

传统武术虽历尽曲折坎坷而薪火不绝，是武术先辈们世代相承的结果。传统武术是一种动态的、活的文化，活态性特性决定了其需要融合、扬弃。依照人类文化变迁理论，文化的均衡是相对的，文化的发展变化是绝对的。联合国教科文组织将是否有持续发展的可能性列为世界非物质文化遗产申请保护的重要条件。传统武术不能固封自守、孤芳自赏，只有创新才能获得源头活水。创新是民族文化生生不息的发展动力，是我们构建文化安全的自觉需求，漠视创新，其结果只能是被冷落及无可奈何的衰微，中华武术在历经千年的发展中没有寂灭，得益于它的不断自我调整与创新。

传统武术继承是积累和量变，传统武术创新是飞跃和质变，前者联系着过去，后者沟通着未来，他们构成了传统武术形成与延续的内在一致性。传统武术的传承首先需要继承，尤其继承优秀的武术文化，在继承中必须创新，创新需要与时俱进，适应时代的步伐，才能推动社会文明的进步。

二、武术传承人和传承方式

（一）武术传承人

1.武术传承人的内涵

因为中国传统武术是中华民族优秀传统文化的一个重要组成部分，所以

说中国传统武术传承人也就是传统武术文化传承人，但传统武术文化传承人仅仅是统称，其具体指直接参与传统武术文化传承、致力于使传统武术文化不断沿袭的个人或者群体。

武术文化传承人是武术文化传承的关键性代表人物或者集体，但并非所有人或者任何集体均能扮演好武术文化传承人的角色。作为一名武术文化传承人应达到三个方面的要求：首先，全方面掌握武术运动的理论知识和运动技能；其次，具备武术运动公认的代表性，实际影响力比较可观；最后，要在科学传承武术文化的前提下完成相关创新活动，尽管武术文化发展状况会受到诸多因素以及实际环境的影响，但当事者的实际水平与个性特征同样至关重要。

正因为中国传统武术传承人能在很大程度上影响武术文化的传承效果，所以确认武术文化传承人时务必要慎之又慎。确认武术传承人的过程存在着复杂性的特点，在确认前要先对传承人进行系统、有序的培养，最终结合其所掌握武术文化知识的实际数量和实际质量来选定最适宜的传承人。

2.武术传承人的作用

（1）传承人是中国传统武术延续的载体

文化是在人类社会持续发展过程中形成的产物，人是传承中国传统武术的载体，如果传承人不复存在，那么中国传统武术也会逐渐退出历史舞台。

中国传统武术作为非物质文化遗产之一，从本质上来说是抽象的事物，所以利用技艺表达的形式才能使人们察觉到传统武术是切切实实存在的。有学者指出，民间艺人和艺术宝库是等同的关系，民间艺人消失是艺术宝库走向毁灭的重要标志。作为中国传统武术的传承人同样是一个文化宝库，每个传承人身上都负载着和传统武术文化相关的诸多关键性信息，包括武术套路习练、武术招法运用、武术禁忌等。要想使广大群众对中国传统武术形成全面而深刻的认识并大力弘扬中国传统武术精神，就一定要挖掘和发挥传承人的媒介作用，使中国传统武术的精华充分彰显出来。由此可见，传承人在传承中国传统武术方面发挥着不可忽视的载体作用。

纵观中国传统武术传承和发展的过程不难发现，传承人扮演着承载和传递武术文化的关键性角色，中国传统武术正是在世代传承人言传身教的过程中不断延续及发展。传承人“世代相传”的常见途径包括师徒相传、学校教育、家庭传授、社会传承等，在这些传承途径中传承人发挥着“接力棒”的作用。

因此，中国传统武术传承人要坚持不懈地学习，自觉加大研究中国传统武术的力度，虚心汲取其他运动项目的精华，将自身优势发挥得淋漓尽致，为自身精准地理解和掌握中国传统武术精髓以及中国传统武术相关内容创造了条件，同时将中国传统武术文化的内涵和表现形式精准无误地传承下去。

（2）传承人是中国传统武术发展的推动者

中国传统武术想要得以延续和发展必须通过传承来实现，传承人在整个过程中发挥着关键性作用，换句话说，传承人是中国传统武术得以延续和发展的直接推动者。在中国传统武术传承和发展的过程中，人们往往会以原有文化为基础并结合现阶段文化实施再创造，但实施再创造必须对原有文化的基本属性与特征持尊重的态度，要保证经过创造后的文化能获得广大群众的认可。

联合国教科文组织在《保护非物质文化遗产公约》中明确指出，传承非物质文化遗产时要将出发点设定为传承人，想方设法使传承过程中“人”的作用发挥至最大限度。因为传承人特别珍视自家技艺，因而传承人在类似于自发保护知识产权的意识作用下，往往不会轻易地他人传授区别于其他流派的武术绝技，所以说传承传统武术的人往往数量有限且技艺精湛，传承中国传统武术文化需要每一代人的无缝接力，传承过程中出现中断就意味着一门武学离灭亡线越来越近。

就中国传统武术文化的传承过程来说，传承人比其他人对武术文化的认识和理解要深刻很多，所以在继承武学的同时也能使武术得以延续和发展。此外，传承人还能有效加快中国传统武术的发展速度、传播速度以及创新速度。中国传统武术能发展成为现阶段的流派和其传承人适宜发挥个人技艺有很大关系，人们往往能基于相关武术理论进行个性化特征鲜明的创造活动。

传承中国传统武术文化并非照搬原有文化，也并非单方面地对原有文化实施移位或者延长，整个过程中同时存在删减和增加。相关人士应当坚定不移地对原有文化实施继承和创新，从而不断巩固和夯实优秀武术文化的基础，及时舍弃和优化中国传统武术文化中未达到合理性要求的内容。

3.中国传统武术传承人的权利与义务

传承中国传统武术是一件很严肃的事情，评选和确定中国传统武术传承人前务必要保证关于传承人的权利和义务已经形成了明文规定，传承人要牢记自身在传承中国传统武术的过程中享有的权利和应当履行的义务，如此才能推动中国传统武术科学传承，促使中国传统武术文化朝着多样化和可持续化方向发展。

（1）中国传统武术传承人的权利

中国传统武术传承人拥有凭借自身技能组织和开展有关活动的权利，有关活动具体是指讲学、学术研究、传艺、创作等。

（2）中国传统武术传承人的义务

中国传统武术传承人要依据相关要求认真履行自身义务，特别是享有国家经济补贴的传承人要充分发挥自身传授技艺的主观能动性，主动把个人技艺传授给下一代。中国传统武术传承人的义务如下：

一是保存好传承武术技艺必备的物质条件。传承人要保存好传承武术技艺必备的物质条件，如各项原始资料、场所、建筑物、实物，等等。

二是保持武术知识和武术技艺的完整。传承人要始终保持武术知识和技艺的完整性。

三是开展展示和传播非物质文化遗产的活动。传承人要在遵守相关法律法规的基础上组织、开展展示和传播非物质文化遗产的多样化活动。

四是积极撰写中国传统武术的书面著作。在条件允许的情况下，建议传承人撰写和中国传统武术相关的书面著作，将自身传承中国传统武术的作用发挥至最大限度。

（二）武术传承方式

中国传统武术能流传到今天的一个重要原因就是这项运动从产生开始始终在不间断地传承和发展着，而传承和发展的过程中必须依赖某些方式方法。

1.中国传统武术的传承方法

传承中国传统武术的常见方法包括口传心授、身体示范、观念影响，这三种传承方法的具体内容如下：

（1）口传心授

口传心授是传承中国传统武术的一种有效方式，由口传和心授两个层面组成。

口传。通过口传的方式传授武术技艺，侧重于模仿习练，而这里所说的练着重指练武术的“形”，换句话说就是组织和指导习武者参与关于武术表现方式、武术习练手段以及武术演练技巧的活动。

心授。心授法侧重于培养武术传承人的“悟”。“悟”是指传承人在习练过程中形成的仅能意会不能言传的韵味，而这离不开人们的情感交流和心灵交流，这也是中华儿女内倾性思维习惯的主要反映。任何习武者在习练过程中都会形成具体的感受与体会，拥有良好悟性是一名优秀武术传承人必备的条件。

（2）身体示范

人们常说“百闻不如一见，百见不如一练”，这句俗语在武术运动中同样适用，即身体示范对武术传承人传承中国传统武术有很大影响。身体示范就是所谓的言传身教，口传心授侧重于培养传承人的悟性，而身体示范则侧重于向传承人直接传授外在套路动作。

中国传统武术传承是“内外合一”的身体教育实践性活动，换句话说就是“外在指标与内在感觉”的一体化，当中国传统武术传承人形成“击必中，中必催”的认识后，才可以对中国传统武术的技击属性和技法套路练习形成特定认识，对中国传统武术文化蕴含的内涵有深刻体会。因此，当武术传承人高效参与形式各异的外在形体活动后，才能准确反映出中国传统武术的技巧、方法、哲理、美感等。

言传身教是传承中国传统武术的一种有效途径，即在完成言语讲解后进行具体技术动作的演练，被广泛应用的身体示范方法有功力训练、套路演练、实战技击。

（3）观念影响

中国传统武术传承不仅限于传承武术技艺，传承武术德行也包含其中，即传承武德。观念影响是指习武者受中国传统武术的武德熏陶，进而逐步发展成为合格的习武之人。观念影响主要包括宏观层面的观念影响和微观层面的观念影响。

宏观层面的观念影响。即习武者在习练中国传统武术的过程中会逐步形成积极向上的风气。

微观层面的观念影响，即武术传承人对下任传承人的观念影响往往反映在师徒间，当师父向徒弟传授武术技艺时，师父的启发、训导、以身说法等都是其向徒弟实施道德规范教育的有效途径。诸多实践活动证实，中国传统武术的观念影响传承方法能使习武者受到武德的熏陶和影响，并推动习武者逐步发展成优秀的武术传承人。

2.中国传统武术的传承途径

（1）群体传承

群体传承作为中国传统武术传承的一种基本形式，具体是指来自某个群体的社会成员共同传承特定形式的武术，力求有效推动中国传统武术的传承进程、发展进程以及创新进程。

群体传承是传承中国传统武术技艺的一条有效途径，这种传承途径的基础性特征是集体性，传承群体的文化背景基本相同，同时会把中国传统武术作为一个桥梁来提高群体成员的文化认同感。

群体传承着重反映为集体参与传承。综合分析中国传统武术会发现，其中多数拳种都需要社会成员主动参与来加以传承，如推动太极拳发展和演变

的诸多杰出人物都来自某些群体，比如，杨式太极拳的创始人杨露禅和吴氏太极拳的创始人吴鉴泉等都有效推动了太极拳的发展进程，所以说集体参与为太极拳技术和理论体系的完善打下了坚实的基础。在中国传统武术发展历程中，群体传承贡献了很大力量。

综合分析中国传统武术的传承历程会发现，在原生态的中国传统武术中相继衍生出了诸多门类，其中绝大多数门类都是由群体创造，换句话说是群体智慧的结晶。这些被历代人创造和创新的武术借助群体传承途径逐步流传到今天，使得中国传统武术的传统性与完整性得以维持。群体传承形式具有多样性的特征，某些是在特定文化圈内，某些是在特定族群范围内，但任何群体都存在某种相同的文化特点，并且是由这一族群内的人共同参与的，该群体的文化心理和信仰往往存在共同特征。

（2）家庭传承

家庭传承也被称为“血缘传承”，具体指某个家族范围内或者某个群体范围内组织开展的中国传统武术传授与习练活动，该传承形式能有效传播与发展中国传统武术中蕴含的技艺和文化。在很多情况下，中国传统武术传承是在家庭范围内进行的，如由陈王廷创始的陈氏太极拳一直都由陈氏家族的人传承，但也有来自不同地区的人前来拜师学艺，所以说家庭传承并非只局限于血缘关系。

从古至今，中国人都有很重的家庭观念，都相当看重血缘关系与家族凝聚力。在中国人心中，家庭要比个人利益高出很多，父慈子孝和夫唱妇随是中国伦理关系对家庭成员提出的规范性要求。

但不得不说的是，家庭传承的中国传统武术具备封闭性特征。在以农耕生活为主的中国古代社会中，家庭是社会最基本的单位，这种社会背景下逐步产生的由血缘关系构成的习武群体往往以家族长辈的经验认知为主导。但在家庭范围内传承中国传统武术存在鲜明的文化排他性特点，这种文化排他性有助于本门拳种技术和理论的可持续发展，使得具体拳种的正宗性和传统性得以维持，但不利于具体拳种和其他拳种的沟通与交流。

（3）师徒传承

师徒传承是指徒弟以磕头拜师的方式成为师父的正式入门弟子后，师父向徒弟传授武术技艺并实施武德教育。通常来说，师徒传承是一种义务行为，不会收取费用。

从本质上来说，师徒传承和家庭传承这两种传承模式存在诸多相似之处。古代社会对于没有血缘关系的人们同样提出了相应的伦理规范要求，具体包括“师徒如父子”“一日为师，终身为父”等。在这些观念的长期作用下，人们之间的关系得到了有效维系，同时也是对家庭关系加以模仿的结果。

对于中国传统武术的历代传承过程来说，师徒传承途径发挥了至关重要的作用。从古至今，我国历朝历代都有被人们广为流传的拜师收徒的故事，特别是关于中国传统武术拜师收徒的故事更是不胜枚举。师徒传承途径能够成为中国传统武术的主要传承途径和我国传统思想有很大联系。

师徒传承具备鲜明的凝聚性特征，这种传承途径本质上是以“师父”为核心，徒弟拜师后师徒之间会形成类似于“父与子”的契约关系，师兄弟之间会形成类似于“手足兄弟”的关系。当这两种关系形成后，尽管武术传承人来自五湖四海，但各门各派会在这两种关系的长期作用下形成一个“大家庭”，这个“大家庭”中的成员会根据伦理关系中尊卑长幼之序逐步形成凝聚力十足的团队。

从某种程度来说，师徒传承和家庭传承有很多共同点，在通过师徒传承途径传承中国传统武术的过程中出现了很多和家谱相似的传承图谱，这些传承图谱中详细记录了师徒间的传承关系，这也是中国传统武术传承“家庭化”的具体反映。

（4）地域传承

地域传承是在特定地域环境中传承中国传统武术。由于农耕社会的显著特征是生产力落后、交通闭塞、百姓活动范围固定，因而地域是除家族外百姓活动的重要场所。

当特定区域内的人们对某个拳种形成广泛认同后，这个拳种往往会被这个区域内的百姓普遍传习，这种现象充分彰显了地域特征。

（5）学校传承

学校传承和师徒传承存在很多相似点，学校中的教授者被称为“老师”，这和师徒传承中的“师父”十分相近，不同之处是前者是职业传承、后者是义务传承。学校传承是传承中国传统武术的一条崭新途径，是中国传统武术成为学校教育内容后逐步产生和发展起来的。

在社会持续发展的过程中，中国传统武术的群体传承途径、家庭传承途径、师徒传承途径以及地域传承途径都受到了或多或少的影响，中国传统武术传承环境出现了多重危机，学校传承在这种社会背景下演变成人们传承中国传统武术的一种新选择。作为中国传统武术的一条传承途径，学校传承使得中国传统武术传承面得到了大幅度拓展，此外对优秀武术传承人的挖掘和培养发挥了显著作用。

在学校组织和开展武术教育活动，不仅能向学生传授中国传统武术的相关技艺和技能，也能对学生优良品质的形成产生积极作用，所以学校的武术教师应当自觉充当武术人文精神和价值的挖掘者。通过学校传承途径传承中国传统武术会受到多重因素的影响，这些影响因素使得武术教育演变成单方面追求健身功能的“运动的武术”，武术教育的文化传承功能呈现出日益弱化的趋势，这显然和武术文化传承的意义不符。由此可见，国家和政府应当对中国传统武术的学校传承途径予以高度重视，通过多项措施使学校武术教学的内容得到优化，为学校武术教学的健康发展提供政策支持、资源支持以及设施支持。

在崭新的社会发展阶段，学校传承途径在中国传统武术传承过程中发挥的作用越来越显著，并且会逐步演变成中国传统武术的主要传承途径。

（6）社会传承

在社会持续发展的过程中，随着书籍、影视、网络等多种媒介的出现和发展，社会传承作为一种崭新的中国传统武术传承途径出现，媒介等在社会传承中发挥着不容忽视的作用，如电视台和网络组织的武林比赛和武术在线教学等都产生了良好的传播效果。当前，社会传承途径为中国传统武术爱好者更加全面、高效、便捷地学习中国传统武术提供了诸多有利条件，但社会传承途径实现作用最大化离不开良好的社会文化环境，只有在良好的武术文化氛围中传承武术才能获得理想的传承效果。

第二章 中国传统武术在近现代的传承发展

武术的传承问题是一个长期的历时性问题，1840年至1919年辛亥革命时期，中国处于内忧外患的国难当头之际，中国武术的发展在抵抗外侮、振奋民族精神方面起到了巨大的作用，而在传承问题上并没有表现出突出的变化。1919年至1949年，“土洋体育”之争逐渐拉开了中国武术科学化发展的帷幕。“中央国术馆”以及各地武术馆的成立、中国武术被纳入中小学教育体系可以说是武术出现的新特点，为新中国成立后中国武术的快速发展奠定了基础。新中国成立后，在政府的高度重视下，中国武术得到了前所未有的大发展。

第一节 中国传统武术近现代传承的影响因素

一、多元文化背景

1840年鸦片战争爆发以后，伴随着西方的坚船利炮，西学东渐，中国被迫纳入西方文化的洪流。中国处于两千年未有的大转折年代，此时“中西

文明的大碰撞是鸦片战争到辛亥革命这个阶段的主要景观：一方面是西方文明大量涌入中国，中国的有识之士向西方寻求富国强兵之路，救亡图存和求新声于异邦成为社会的主调；另一方面，国力的衰弱也充分暴露了传统文明固有的缺陷，对传统的反思与批判成为强烈的时代呼声。”民国时期（1911年—1949年），军阀割据、政局动荡、中国处于一个战乱纷纷的年代。新中国成立后，在中国共产党的英明领导下，出现了百家争鸣、百花齐放的文化繁荣景象。尤其是改革开放以后，中国进入了发展的快车道，为武术的快速发展提供了良好的经济文化外部环境。

（一）文化博弈冲击武术的文化传承

全球化的步骤已经由经济与金融界扩散到了文化界，由西方向东方蔓延。正如丹尼尔·贝尔在《资本主义文化矛盾》中指出的：“今天从地理上讲，世界的界限已经打破了。不仅在文化、绘画、雕塑、音乐这些传统框架之外的艺术范围，就是这些框架之内的艺术范围也几乎是无边无际的。全球化的出现打破了地区和本土文化的限制，为人们的生活和文化方式提供了新的经验和新的景观。”正如萨姆瓦所说的那样：“本世纪60年代后期到70年代前期，是全世界在时间和空间上紧缩的时期，‘全球村’的预言正在变为现实。人们再也不能互相回避或坚持闭关自守的孤立主义政策。不断增强的流动性、现代性的交通电讯技术的发展，以及全球范围的共同问题的共识，似乎在迅速地打破不同文化间的时空关系。”

全球化时代的到来使多元文化问题更为凸显。但是，多元文化作为当代世界文化彰显的一种发展潮流，具有强大的生命力，对文化、社会和人本身的发展有着积极的、不可替代的作用：其一，促进了世界文化更加繁荣。在人类的各个发展阶段，世界上的许多民族都在不同程度上贡献出了自己的优秀成果，丰富了人类的文化宝库。只有在一个真正的多元文化社会，通过多种文化的相互作用，才能培植出新的文化，促进文化的繁荣发展。其二，增强了民族文化的凝聚力，有利于消除个别国家所倡导的文化中心主义

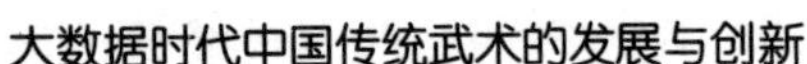

和文化霸权主义。多元文化的产生和存在是以民族文化或单元文化为前提，多元文化的发展将增强民族文化的生命力。同时，多元文化的并存为世界各民族的文化发展提供了平等的发展机会，从而有利于消除文化中心主义和霸权主义。其三，有利于个体精神的进一步完善。人是自主的和自我决定的存在，而且希望能够选择自己的目的和价值。选择也是人类的本质特点，而自由是与无阻碍地选择的机会有关的。多元文化有利于个体的发展，它能为个体提供更多的选择机会和价值取向，赋予个体更多的自由以及更加丰富的精神世界、更有力的行为表现和更有意义的生命存在。多元文化带给人们更大的选择空间的同时，也使人们面临着选择的困惑与茫然，冲刷着原有的各种观念、思想，使人们的心理失去了可靠的基点，选择变得比以往任何时候都更加困难和痛苦，更谈不上超越。日益发展的商品经济、引进的现代西方文化、民族强盛心理，使现代社会成为一个文化大冲突的时代。

无论西方还是东方，不同的国家和民族，都急急忙忙地开始清点自己的文化家底，纷纷出台保护自己民族文化的各种措施。申报联合国世界文化遗产和非物质文化遗产保护名录，已经颇近于这种抢占的交锋。

面对科技和信息化时代的冲击，中国武术面临着严峻的现实危机。面临这样一个时代，中国武术的文化传承过程虽有成功的喜悦和创新的动力，但同时也出现了很多困惑、矛盾和彷徨。因为面对信息时代的多元文化，文化传承的主体由于选择文化的自主性、主动性取向的多元化特征，使很多传统文化的传承出现了诸多现实问题。科技的发展和变化，促进和缩短了国家之间、民族之间、人与人之间的交流速度和时间，使现代人文化选择的机会和范围扩大。世界多民族性使文化丰富多彩，令人眼花缭乱。各民族的多元文化通过先进的信息渠道和各种媒介，展示在人们面前，不知不觉地冲击和俘虏着人们的思想观念和言行举止，对人们固有的文化结构进行不同程度的改变，新的文化价值观逐渐取代了原有的文化价值观。随着时间的推移，某些传统文化的退位和价值的贬值成为顺理成章之事，成为传统与现代化的整合中不可避免的社会发展趋势和文化动态。

因此，在文化冲突、交融的时代，正因为中国武术蕴涵着中国传统文化的精髓，中国传统文化面临的挑战，也为中国武术的传承与发展设立了一道文化屏障。

（二）文化博弈影响武术的观念转变

近代以后的中国，历经历史变迁、社会改革到今天，人们的价值观念和生活方式发生了翻天覆地的变化。中国武术从“五四”时期以来，就处于不断世俗化的过程，在市场经济的今天，人们已变得非常实际，非常物质化，其精神的、文化的内核逐渐幻化为历史陈烟，消散而去。在多元化背景下，统一思想、统一意志、统一信仰不仅是困难的，而且难以实现。但是，现代社会的技术化提供了各种不同思想、不同意志、不同信仰充分交流和沟通的机会和平台，它一方面使世界零散化、多元化，另一方面又通过单质化的量化处理使全世界获得一种全新组合，为多元文化间的交流、磨合开辟了一条新的道路。各人的价值观可以不同，任何人都无权把自己的价值观强加于人，但是这并不一定意味着排斥和对抗，相反它意味着需要更多的相互尊重、相互沟通。价值观不同不要紧，要紧的是必须有一套人们共同遵循的平等对话、平等交往的武术规则。于是，民主和法制成了现代社会得以整合的关键“技术”不同价值观的争吵退居末席，而平等对话、平等交往的合理“技术”，被优先考虑，以致这套制度安排本身最终上升为人们普遍认同的新价值。所谓“新”，是指它与传统的价值不同，它没有与人生目的和意义直接相关的实质性内容，而只有形式性、技术性的规定。多元化是指在传统价值上的多元化，而不是指保证平等沟通的合理化规则可以随意更改或取消。

中国传统文化比较重视人与自然、人与人之间的和谐统一的关系，而西方人则比较重视人与自然、人与人之间的分别对立的关系。西方人强调个性张扬，人的自我存在，强调人的自由意识。中国人视人的道德，人的社会性，强调“中庸”之道。所以，自“文艺复兴”以来，西方文化复兴的是个性、自我超越、创新、奋斗、反传统，等等，中国文化则有所差异，侧重于内心修为、自然、继承传统、安怡等。中国传统思维的基点是“天人合一”，其影响毫无疑问地渗透到中国武术中，体现在武术的“内外合一，形神兼备”“内六合，外六合，内外相合益处多”“以心会意，以意调气，以气促形，以形会神”等。

中国传统养生术以及一些传统拳术和功法练习时要求与自然环境、季节、气候、时辰相对应，这充分体现了天人相合、和谐发展的观念，也反映了中国武术追求身与心、机体与自然，以及自身机体的平衡协调发展之整体效益的价值观。中西文化的差异，同时带来了西方体育和中国武术价值观的差异，因此，文化争夺的时代，中西体育的交融发展也强烈冲击着人们对中国武术价值观的思考，直接影响着中国武术的传承。

二、政策制度的影响

冷兵器时代的终结，使武术的技击作用退出历史的主要舞台，武术的技击作用主要应用于军队中的军警擒拿实战格斗，其体育价值功能日益凸现。武术不再成为统治阶级的忌惮，而随着武术多元化的价值功效日益受到人们的喜爱，政府也制定了相关的政策，推动武术的快速发展，以便更好为人民服务。这也是武术得以在近现代快速发展的制度保障。

（一）各级政府政策

“中华民国”时期，“中央国术馆”的成立，为武术的发展起到了重要的作用。随即各省市也成立相应的国术馆，并且由各省省长兼任国术馆馆长，此项举措，大大提高了武术的社会地位。政府的高度重视，使武术的发展得到了有力的保障。1915年4月，在天津召开的“全国教育联合会”第一次会议上，通过了北京体育研究社的许禹生等提出的《拟请提倡中国旧有武术列为学校必修课》议案。教育部明令“各学校应添授中国旧有武技，此项教

员于各师范学校养成之”。至此，源远流长的中国武术正式进入学校教育，成为学校体育课程中的一项内容。中华人民共和国成立后，武术作为优秀的民族文化遗产受到重视。

1956年国家教育部颁布的中国第一部全国通用的《中小学体育教学大纲》中就有武术方面的内容。2004年3月30日，中共中央宣传部印发的《中小学开展弘扬和培育民族精神教育实施纲要》中第四条，中小学开展弘扬和培育民族精神的实施途径中明确指出，体育课适量增加中国武术等内容……这些政策充分体现了国家对武术在学校教育中传承的高度重视。2004年4月2日，中宣部、教育部联合出台《中小学开展弘扬和培育民族精神教育实施纲要》，要求2004年9月新学期开始，中小学体育课适量增加中国武术等内容等，这些政府政策是武术得以传承的有力保证。

（二）各种组织行规

新中国成立前，武术组织形式多样，存在时间长短不一，教授内容除少数比较正规外，多投学员所好。据不完全统计，上海除1910年成立的精武会外，还有中华武术等三十多家武术会社，北京除1911年成立的北京体育研究社外，还有中华尚武学社等二十五家武术会社。天津除1911年成立的中华武士会外，还有道德武术研究会等十余家武术会社。其他城市的情况也大致如此。1928年成立南京中央国术馆后，在各省、市、县通设国术馆，武术组织遍布全国各地。这些武术组织对武术的认知程度和研究成果，常常左右着武术的发展。中央国术馆的决策，更直接影响着当时武术的总体发展。总而言之，新中国成立前的武术组织在一定程度上促进了武术的传承与发展，但不乏弄虚作假，骗取钱财，为非作歹等现象使武术的发展受到一定的限制。

现代武术组织作为组织现代武术活动的机构，在武术的现代传承中肩负着领导、协调、组织各种武术活动的使命。1955年国家体委在运动司下设立武术科，后升格为武术处，这是中国武术协会、国家体委武术研究院成立之前唯一负责武术工作的部门。1958年9月在北京成立了第一届中国武术协会，它的建立从组织上保证了武术运动的开展。1982年上海同济大学和北京大学率先成立武术协会，各高校也都相继成立了学校武术协会。经国务院批准，1986年正是成立了中国武术研究院。1987年亚洲武术联合会在日本横滨成立，1990年国际武术联合会正式成立。1994年为了进一步理顺关系，完善管理体制，在保留中国武术协会的名义下，增设了国家武术运动管理中心。武术运动管理中心与武术研究院为一套班子挂两块牌子，同时又是中国武术协会的常设办事机构，并赋予其对武术运动项目的全面管理职能。地方性武术协会是根据国家体委的要求逐步建立起来的，首先，在省、自治区、直辖市一级建立，而后发展到地、市、县（区）乡、镇以及各行业、各部门的武术协会。这样就形成了一个从上到下、相互衔接、密切联系的国家与民间社团相结合的一条龙武术组织，有力地推动和保证了武术运动的健康传承和发展。

这些组织对于武术的发展和传承起到了重要的作用。

第二节　中国传统武术近现代传承的基本途径和特点

一、武术近现代传承的基本途径

（一）电子影像传媒

随着现代高科技的发展，电子技术应用于生活的方方面面，因此，大大拓宽了中国武术在现代的传承途径。

武打影视以武术为素材，在展现武术技击特色的基础上，通过“蒙太奇”艺术化手段，表达思想情感。把武术与影视艺术结合起来，大大增添了武术艺术化色彩，给人们带来美的享受，因此，极易被大众接受，从而受到广泛的传播。李小龙的《精武门》《唐山大兄》等；李连杰的《少林寺》

《黄飞鸿》以及《英雄》《十面埋伏》等；成龙的《飞鹰行动》《我是谁》等都深受大众的喜爱，特别是2008年在CCTV-1播出的50集电视剧《李小龙传奇》收视持续火爆，全剧平均收视率达到11.26%，收视份额为29.20%，最高单集收视率达14.86%，创了8年来央视电视剧收视的最高纪录。因此，通过影视加深了大众对武术的了解和认识有利于武术的传承。CCTV-5举办的武林大会、河南电视台举办的武林风以及CCTV-5和哈尔滨电视台联合举办的中国散打功夫王等节目，通过电视的转播，大大拓宽了中国武术的现代传播途径。另外，通过录制比赛录像带、训练录像，制作光碟等电子产品，大大拓宽了武术的传播途径。国际互联网的广泛应用，使很多人足不出户就能从网络上进行武术的学习，武术的传播范围更是大大增加。当然，电子网络传播也带来了一些弊端，但是从传承的角度讲，还是非常有效的途径。

（二）学校和武（馆）校

1.学校

中国古代的武术在传承过程中曾一度出现了教育的雏形，但没有在社会上形成普遍的教育现象。教育是为了一代代的传承，武术在现代传承的进程中，学校无疑是武术传承的主战场。辛亥革命以后，中国依然面临着一个内政腐败、外强入侵及国民体质羸弱的严重局面。当时许多社会人士认为，“国势衰微，欲弱为强，必须先谋种族强盛”。因此，清末民初时中国武术作为一种尚武强国的重要教育手段被推向学校。

民国时期，中国武术的发展受到了民族主义和个人主义的明显影响，尤其是受到社会中的尚武思想和民主思想的影响，被视为增强军力和提高国民素质的手段，赋予了救国救民的目的。在这种社会背景下，中国武术走出了因循相传的文化旧道，在与外来文化激荡、融合过程中，经历了一次较大的转型和演化，打破了中国武术狭小、封闭的教育传承模式，强化了中国武术的政治价值、教育价值，对于中国武术的演进具有划时代的意义。1915年4月，在天津召开的“全国教育联合会”第一次会议上，通过了北京体育研究

社的许禹生等提出的《拟请提倡中国旧有武术列为学校必修课》议案。教育部明令“各学校应添授中国旧有武技，此项教员于各师范学校养成之”。至此，源远流长的中国武术正式进入学校教育，成为学校体育课程中的一项重要内容。当时有关学校教育的各种决议案就达到7个：“推广中华新武术案，请将中国固有武术加入专门学科案，拟请全国中学校一律添习武术案，学校体育就特别注重国技案，请令全国学校定国术为体育主课案，请筹办国立国术专科学校案，整理国术教材案。”除此以外，许多有关学校体育、军训的决议案中也提出了重视武术教学的主张。

这些决议案大多是民国时期的教育专家和体育、武术界官员及名流提出来的，表明这一时期人们已注意到中国武术在学校教学中的重要地位和价值，加上在当时“国势衰微”背景下武术所具有的高度文化认同和武术活动的低物质要求等原因，很快在全国城市中得到广泛普及，一时间学校纷纷开设武术课。开设初期，由于教材、师资不足等原因，武术课开展并不顺利，但为新中国成立后武术课的开展奠定了基础，从而成为现代武术传承的一大途径。

新中国成立后，武术作为优秀的民族文化遗产受到重视。1956年国家教育部颁布的中国第一部全国通用的《中小学体育教学大纲》中就有关于武术方面的内容；1961年，根据要继承和发扬我国历史悠久的民族传统体育，体现出教学大纲民族特色的精神，武术作为民族传统体育的重要内容之一，被列入同年编订出版的《全国大、中、小学体育教学大纲》中。之后，武术在我国学校体育教学中进一步得到重视，1992年在第二次全国武术工作会议上提出了发展学校武术的具体任务，并编写大、中、小学校的武术教材，使1/3的高校院校和中小学在校生学会一套武术套路，明确动作的攻防意义，运用技击手段丰富课堂教学，提高学生学习的积极性。武术活动在高校中开展得有声有色。所有这些都是对武术的充分肯定，对武术在新中国的传承和发展给予武术界的巨大鼓舞。学校体育课要把现代体育的教学和民族体育的教学联系起来，从而为学校武术教育的发展指明了方向。

2.武（馆）校

武（馆）校实际上是民间武术与现代学校教育体制结合的产物。1978年，党的十一届三中全会确立的以经济建设为中心，坚持改革开放的方针，也促进了武术事业的蓬勃发展。特别是1982年召开的全国武术工作会议上所提出的大力开展各种形式的群众武术活动，允许民间开办武术馆校授拳传艺等政策，给群众性武术活动指明了方向，充分调动了广大社会武术工作者的积极性。同时，电影《少林寺》的播映，使得武术热在中国大地上骤然兴起，各地武术馆、拳社、辅导站等社会武术组织的活动开始活跃起来，武术学校也相继产生，形成了宣传武术，传播、推广武术，组织群众开展武术活动的广阔而坚实的基地。这是武术传承和发展的一支生力军。随着我国改革开放的进一步深入，在国家支持鼓励社会力量办学政策的指引下，武术学校出现了迅速发展的势头。据不完全统计，各地建立的各种形式的武术馆（校）、站、社就有一万余所，有的武校（河南登封的塔沟武术学校）在校学生就逾万名。各种形式的辅导站、教拳点数以万计。为了推动武术进一步的传承和发展，国家体委在全国开展了“千名武术优秀辅导员”评选活动，并于1984年在北京召开了“千名武术优秀辅导员”表彰奖励大会，充分调动了广大武术工作者的积极性。国家体委除了组织好各类群众性武术表演比赛外，还在全国范围内开展了诸如评选“武术之乡”“武术百杰”等活动。如1992年全国武术之乡评选，共有35个单位评为首批“全国武术之乡”。1996年又进行了第二批的“武术之乡”的评选；1997年开展了“全国先进武术馆校”的评选工作，有一批馆校达到了标准，受到了表彰。这些活动无疑对武术发展起到了深远的促进作用。各地建立的各种形式的基层武术馆、校、站，更是层出不穷，各呈异彩。塔沟武术学校的学生在2008年奥运会开闭幕式上的精彩表演，充分说明了武术馆校是现代武术重要的传承途径之一，因此武术馆校对丰富群众业余生活、促进精神文明建设等起到了积极作用。

（三）武术竞赛和武术流派

1.武术竞赛

受西方体育的影响，中国武术逐渐被纳入了体育竞技的行列。竞赛是体育的特点之一。武术作为体育运动的项目，当然也要搞比赛，搞比赛必须有统一的竞赛规则。武术竞赛是有计划、有组织的武术竞技活动。现有武术套路和武术散打两大类竞赛。通过竞赛可推动群众性武术运动的开展，提高武术运动的技术水平。武术竞赛是武术现代传承中的有效途径，为武术的传承和发展提供了绝佳的平台。

“中华民国”时期，已经开展了武术竞赛。较有影响的全国性武术竞赛活动有“中华民国”全国运动会武术比赛及中央国术馆举办的国术国考。各地政府也组织过一些较大规模的武术竞赛表演活动，如华北运动会上的武术比赛、1923年4月在上海举行的中华全国武术运动会和1929年在上海和杭州举行的杭州国术游艺大会等。此时尚无完善的竞赛制度和竞赛规则。1924年在湖北武昌举行的第三届全运会上，武术以武术操的形式列为大会表演项目。1934年在南京举行的第四届全运会上，开始将国术与摔跤列为竞赛项目。这是武术作为竞赛项目第一次进入全国性的综合性运动会。项目有散手、长兵、短兵、摔跤和拳械套路表演赛。1935年（第六届全运会上，国术被列为正式比赛项目。1948年第七届全运会上，武术被列为表演项目项目有拳术、器械和射箭只设个人名次，不设锦标。说明在民国时期武术竞赛的内容逐渐增多，对武术越来越重视，使之得到更好地传承。

新中国成立后，现代竞技武术的崛起，加快了武术竞技化的发展，从而掀起了中国武术的大发展。中华人民共和国武术竞赛制度是根据国家体委制定的全国体育运动单项竞赛制度，结合武术项目的特点制定的竞赛制度。其中包括为提高武术运动技术水平而设立的全运会武术竞赛制度、全国武术锦标赛竞赛制度，以及为推动群众性武术运动的普及、为优秀运动队培养后备力量而举办的辅助性竞赛制度，如全国少年“武士杯”武术竞赛制度和全国武术演武大会竞赛制度。还有由各系统制定的武术竞赛制度及由地方制定的

各种竞赛制度等，形成了一个自上而下或自下而上、由内向外的、完整而多元的武术竞赛体系。这些武术竞赛制度为武术的普及与提高创造了条件。

全国最高水平的武术竞赛全运会是中国最高水平的综合性运动会，每4年举行一次，至今已举行过10届。武术除在1965年和1983年举行的第2届和第5届全运会上被列为表演项目外，其他各届均为正式竞赛项目。第七届全运会以前，武术比赛只设武术套路比赛。第七届全运会上，武术散手首次被列为比赛项目，并设置了一枚团体金牌。第七届全运会以后，国家体委依据亚运会及奥运会战略计划，对全运会竞赛项目作了较大调整，有些非奥运项目均未列入第八届全运会，但仍将武术列入全运会竞赛项目，并将金牌数由七运会的7枚增1枚。1998年8月，国家体育总局正式确定武术为第九届全运会项目，并且将金牌数增加到18枚。在江苏举行的第十届全运会上，武术共设19枚金牌，仅次于田径和游泳，金牌数占第三位，这均表明国家对武术的重视程度越来越高，极大地促进了中国竞技武术在各个省市的传承与发展。

与此同时，为促进各地优秀运动员运动技术水平的提高，1985年全国武术比赛开始按团体赛和个人赛两种形式进行，上半年举行团体赛和个人赛资格赛，下半年举行个人赛。近年来，各地武术商业性比赛、表演和大型社会武术活动也层出不穷。河南郑州国际少林武术节、温县太极年会、武当武术节、国际南少林比赛，等等。1994年武状元争霸赛首开国内商业性武术散手对抗赛的先河。

随后，中国功夫与美国职业拳击比赛、中泰搏击对抗赛、武术散打王争霸赛、南少林武坛争霸赛、全国武术俱乐部联赛等商业性对抗性比赛次第登场。最近几年的河南电视台的武林风、中央电视台的武林大会等，这些赛事充分展示了武术的风采和魅力，扩大了武术的影响力刺激了武术竞赛市场的升温，加大了武术传承的力度，加速了武术的发展。

2.武术流派

流派是习练者、套路、风格的统一体，而宗派是封建社会的产物。“流派总是在扎实地继承传统套路上有所创新，另辟蹊径得以突出新的技术特点

和运动方法，进而从整体上突破原有套路（拳种）而形成。……具有独特风格的套路练习要达到形成流派的地步，还必须拥有一定的群众继承，并为武术界乃至社会所公认。”流派是在继承、改革与创新的基础上形成的，流派的形成能够获得更多的武术习练者，扩大传承对象。

国家体委1997年编纂的《中国武术史》中有专门的武术拳种介绍。从1983年到1986年，经过3年努力，初步查明流传各地的源流有序、拳理明晰、风格独特、自成体系的拳种129个，加上木兰拳，我们现在武术传播的拳种内容是130种。若以流派来计算，中国武术的技术内容确实是丰富多彩，因为如果以流派来论及，各个流派又有很多派别，这样计算下来难以确定武术的技术内容，因为各个派别在技术方法上都有不同。如，太极拳作为一个拳种，主要有陈氏、杨氏、武氏、吴氏、孙氏太极拳等。陈氏下又分不同的传人，各个主要传人所传播的拳术技术又有所不同，如洪均生著《陈氏太极拳实用拳法》在陈氏太极拳中又自成一派。实际上，如果细分的话，各拳种流派真是数不胜数。

实际上，不论是大拳种，还是小拳种，都存在着流派现象。武术流派的存在有助于保存和发扬武术这种民族文化遗产，使之不至于中途夭折；有利于吸引更多的人参加到武术运动中，这是武术发展的生命力所在，武术的传承与发展就是需要不断地继承、改革、创新。只有这样，才能更好地促进整个武术运动的发展。

二、武术近现代传承的基本特点

（一）竞技化

1840年鸦片战争以后，西方体育进入中国，从而注定了中国武术的竞技化征程。竞技武术脱胎于中国传统武术，中国武术的竞技化是在传统武术基础之上的改造，并没有脱离开传统武术的根。但其侧重点发生了明显

的变化。新中国成立到20世纪70年代，中国武术出于政治服务的需要，是以增强人民体质，弘扬民族精神为己任，政府对武术实行有节制的发展战略，采取了选择性发展武术的方针，武术被确定为体育竞赛项目。从1959年第一部竞赛规则开始，正式拉开了中国武术竞技化的道路，在50年的时间内，无论是从武术技术的提高、内容的丰富乃至世界影响力等取得了举世瞩目、前所未有的成绩，对推动武术的传播与发展起到了举足轻重的作用。因此，中国武术的竞技化是现代武术传承中不容回避的客观事实，我们应本着大局眼光，从大武观出发，客观评价现代竞技武术，使其中的一些优秀内容得以有效传承。

竞技武术是高水平武术竞技，是中国武术发展的一个必然，是为了最大限度地发挥个人运动潜能和争取优异成绩而进行的武术训练竞赛活动，它的特点是专业化、职业化、高水平、超负荷、竞技突出性。

（二）科学化

现代社会发展的一个突出特点，就是科学技术的迅速发展，社会的一切领域都已纳入到科学发展的范围内，科学的内容也渗透在社会的一切领域之中，深刻地改变和影响着人们的价值判断和目标选择。中国武术不可避免地要走向科学化的征途，进行科学化的传承。

中国武术在当代社会的传承发展，必须在其自身科学内核的基础上，吸取相关科学知识，充分借鉴和直接利用现代科学的观念、法则以及成就，丰富和完善中国武术的科学理论知识结构，提高其科学性。特别是运用现代生物学科理论与方法对中国武术进行多方位科学研究，了解中国武术运动对人体结构机能的影响机制，揭示其强身健体、防身养生和观赏自娱的客观价值，阐释现代社会条件下中国武术运动对人体锻炼的独特作用，为中国武术在当代的传承提供科学的理论依据。武术的科学化包括两个含义，如下。

一是技术的科学性。在运动技术上既要保留传统武术中优秀的、具有本质特性的技术，也应同时引入现代的科学技术和方法，使得其技术符合“更快、更高、更强”的奥运价值取向；技术手段运用上，以科学的、人本的观念，进行创新和发展，使训练方法更符合人体发展的规律，场地器材更有利于竞技实战技术的发挥。全面提高武术的科技含量。例如，运用运动解剖学的原理研究中国武术技术动作，研究中国武术技击技术系统的结构及运动规律、武术技击的科学选材、运动训练的解剖学依据等；运用生理生化的研究方法与手段，研究中国武术运动对人的神经、心血管、呼吸、内分泌等系统的影响，揭示武术运动对人体所产生的各项生理生化指标的变化，能够为武术的科学训练提供科学依据，同时也为武术运动的健身价值作出科学说明；运用运动生物力学的骨杠杆、转动定律、动量矩定理以及动量矩守恒定律等原理对中国武术教学与训练、运动员选材等方面进行力学探讨，科学地指导武术技术的改进与提高，提高武术动作的演练与实践效果：竞技实战中，运动员体能的测试和运动技术的提高已涉及运动生理学、运动生物化学、营养学、运动医学等学科最前沿的科学研究成果，而对运动技术的分析则充分利用运动生物力学理论，采用最先进的摄像、摄影技术对其进行拍摄，并通过计算机进行数据处理。

二是理论的科学性。要以客观的、历史的观点来分析、理解、评价武术的理论体系，以科学的、创新的、发展的理念来完善武术的理论体系，这一理论要经得起人们的推敲与分析，并符合科学发展的价值取向。套路的编排要讲究紧凑、合理、优美，给人以美的教育，不能借口“百花齐放，百家争鸣”，固执己见，宣扬封建的、迷信的、丑恶的和反科学的内容。

（三）数字化

科学技术的发展带来了全球的信息化，信息时代的核心或基本特征是“数字化”，为武术的传承发挥了巨大的作用。因此，现代武术在传承中必然体现数字化的新特点。比如，录像机、数码相机、摄影手机的出现，能够方便记录、储存成影像，并经过拷贝、刻录等手段，使武术得以传承。数字化的最大表现是互联网的出现，武术的现代化传承中被不可避免的打上了网络时代的烙

印。同时，网络上传播的武术信息量大大超越了传统传播方式所承载的。武术网络传播中，网络的超文本链接功能和多媒体能集文字、图像、音频、视频、动画等多种表现形式于一体，为武术的传承拓宽了世界范围内的广泛空间。比如，通过互联网而建立的武术网站就是武术传播的一种重要方式。通过武术网站上开设的留言板或论坛，可以自由地发表言论，进行随时随地地交流和信息互递。而且，武术有关信息都可以直接上网，通过国际互联网更是把武术资料、信息迅速传播到全世界，人们不仅可以在网上查询文字资料，还能集声音、图像、文字、动画于一体，全方位地学习和了解武术。网络技术的发展使武术竞赛的信息传递方式发生了革命性的巨大改变。

（四）国际化

国际化指在国际交往日益发展的情况下，世界各国相互影响，具有共性的先进的文化逐渐普及推广成为通行标准的状态或趋势。

国际化作为武术现代传承出现的新的特点，主要表现在中国武术突破了以前仅在国内封闭保守的自我发展的模式，而是在中西方文化的冲突与交融中，走出了国门，在世界范围内得到广泛的传播。王岗等认为："武术国际化的实质，是将武术传统置放在一个世界化的舞台上，建立一种具有国际化、统一性价值的文化发展过程，这种过程仅仅依靠维系传统是绝对不可能实现的，用超越的视野来整合各方面因素实现武术国际化发展中'和而不同''合而不一'，才有可能实现真正意义上的武术国际化发展。超越的目的性追求应该以'和''合'为目的"因此，国外武术组织建立的一些国际性武术比赛，是中国武术在世界范围内传承的具体体现。1985年成立了国际武术联合会筹委会，1987年亚洲武术联合会在日本横滨成立，1990年国际武术联合会正式成立；1994年被国际奥委会单项协会组织正式接纳，2002年获国际奥委会正式承认，目前协会会员已有上百个国家。

国外，欧洲、南美、亚洲、美洲、非洲武术（功夫）联合会相继成立。国际武术联合会和各洲武术组织积极举办武术比赛。至今，已形成了包括亚

运会武术竞赛、东亚运动会武术竞赛、东南亚运动会武术竞赛、亚洲武术锦标赛、欧洲武术锦标赛、泛美武术锦标赛，以及世界武术锦标赛、世界杯武术散打赛等多种比赛在内的国际武术竞赛体系，极大地推动了武术在世界范围内的广泛开展。1990年武术成为第十一届亚运会正式比赛项目，世界武术锦标赛自1991年以来已在世界不同地区、国家举办，世界杯武术散打赛自2002年在上海举行等，这些都充分说明了中国武术已经走向了国际，正逐渐被其他国家和人民所接受和认可。

（五）规模化

中国武术在近现代的传播规模可谓空前，这与政府的极大关注和重视分不开的。这种规模化主要体现在武术人口的增多、武术竞赛的规模以及武术组织的规模化等方面。

代表中华人民共和国最高体育水平赛事的全国运动会，每四年一届，武术都是其中所设项目。每年一届的全国武术锦标赛以及冠军赛、擂台赛、邀请赛等琳琅满目，武术的发展规模达到了前所未有的程度。现在东亚运动会、东南亚运动会都把武术列为正式的比赛项目。

传统武术竞赛活动主要有：全国武术观摩交流大会、民间武艺精粹邀请赛、全国老革命根据地武术比赛、全国“武术之乡”武术比赛、民间武术馆（校）武术邀请赛，等等。另外，还有定期举办的武术节、武术年会等各种传统武术比赛、邀请赛等。

（六）层次化

近现代武术在传承过程中，针对不同水平和不同的目标，建立了相应层次的等级体系，体现了层次化的传承特点。

1986年武术教练员的专业技术职务为主教练、教练、助理教练三个层次，即主教练为高级职务、教练为中级职务、助理教练为初级职务。1990年，国家体委武术研究院根据武术系统教练等级的现状，结合武术各级训练

网络的实际状况，采用了一个系列、两套标准、三个层次、五个等级的武术教练员技术等级制度。一个系列及武术专职教练员系列；两套标准即优秀运动队标准与业余体校标准；三个层次即高层次、中层次、初层次；五个等级即国家级、高级、一级、二级、三级，其中国家级、高级为高层次，一级为中层次，二级、三级为初层次。优秀运动队教练的评定，以其负责的运动队在全国武术锦标赛（套路、散打）团体赛及个人冠军赛所取得的成绩作为主要标准之一；业余体校教练主要以向上一级输送人才的数量和质量为标准。

武术运动员技术等级分为武英、一级武士、二级武士、三级武士、武童5个级别。武术裁判员技术等级分国际级、国家级、一级、二级、三级5个级别。

另设荣誉裁判员称号。

在培养人才的学历层次上还体现在博士、硕士、本科、专科、中专等不同的学历等级，以适于在不同岗位上的武术传承所需。

国家体委武术研究院自20世纪80年代即组织有关专家就建立武术段位制问题展开了研究与讨论，经国家体委批准于1997年实行，武术段位制的段位等级根据个人从事武术锻炼和武术活动的年限、掌握武术技术和理论的水平、研究成果、武德修养以及对武术发展所作贡献来评定。武术段位制定为九段：一、二、三段为初级段位，四、五、六段为中段位，七、八、九段为高段位。

第三节　中国武术近现代传承的基本方式和内容

一、武术近现代传承的基本方式

（一）专业训练

1840年鸦片战争以后，西方体育携其强势文化登录中国，掀起了中国武

术与西方体育明争暗斗、胶着发展的格局，“土洋体育”之争掀开了中国武术科学化发展的帷幕。1957年武术列为国家竞赛项目，1959年第一部武术竞赛规则正式出炉，从而掀起了现代竞技武术发展的狂飙，武术优秀运动队是培养武术人才的重要基地，各省市的武术专业队无疑在武术技术的发展和武术传承中具有举足轻重的地位。

1953年11月天津举行了全国民族形式体育表演及竞赛大会，会后在中央体育学院（北京体育大学的前身）选拔了一批优秀的运动员，并于1954年组建了第一支竞技指导科武术队。1956至1959年各省、自治区、直辖市代表队，为了在比赛中取得优异成绩，赛前就把自己优秀的队员、教练员集中在一起训练一段时间。实践证明，这种赛前短期集训办法，是当时条件下取得优秀成绩的必要手段。同时，这种做法也为向武术优秀运动队的过渡做好了准备。1959年国家体委正式批准施行新中国成立以来第一个《武术竞赛规则》，并将武术列为第一届全国运动会竞赛项目，引起了各省、自治区、直辖市体委对武术工作的重视。一些武术运动有实力的省、市，如山东、安徽、上海、辽宁等，于1959年底和1960年初，率先组建了武术优秀运动队，是中华人民共和国新中国成立以来的第一批武术优秀运动队。1975年第三届全国运动会把武术列为竞赛项目，对各省、自治区、直辖市体委产生了积极地影响，普遍提高了对武术的认识，加强了对武术工作的领导，推动了武术优秀运动队的组建工作。至1978年，除西藏、内蒙古、新疆等武术运动比较薄弱的边远地区外，各省、自治区、直辖市都成立了武术优秀运动队。1979年国家体委公布、实施了重新修改后的《武术竞赛规则》，规则中规定了必须参加传统拳术、传统器械的比赛，这样丰富了竞赛的内容。嗣后，武术优秀运动队的建设进入了一个新的发展阶段：队伍不断壮大，训练条件不断完善，训练水平不断提高，初步形成了一个训练、培养武术人才的基地。据1992年对上海、江苏、福建、河北、河南等14个省、自治区、直辖市的调查，有一线武术教练员49人，一线武术运动员262人，二线武术运动员218人，三线武术运动员2 742人，武术传统项目学校43所，已逐渐形成了从武术

优秀运动队、运动技术学校到业余学校、传统项目学校的一条龙训练体系。

优秀运动队多年来担负着比赛，出访等项任务。在抓武术技术提高的同时，优秀武术运动队还要承担继承和发展武术遗产、指导普及和培养武术人才等项任务，在保证训练时间外，要安排好文化知识和专业理论的学习。每年还要有一定的时间下基层表演、辅导，联系群众。有条件的省、自治区、直辖市可以把武术运动队转到武术馆校，以便更好地、全面地发挥其作用。优秀运动队是武术竞赛带来的必然现象，对于提高运动员武术专业技术起到了很大的作用，有利于武术的传承。

（二）课堂教学

武术在学校的传承主要是通过班级课堂教学的形式来开展的。学校课程传承是由个人教学向集体教学的转化过程，是有计划的系统课程，是一系列教学科目的集合。现代的教学内容更加广泛，是根据社会需求设置的一些相关课程，是指“教学计划”“教学大纲”和“教科书”所规定和表述的那些教学内容。具体到武术专业教学上，教学内容就是一些统一的内容，在规定时间要求学生必须完成的。现代社会，人们对知识产生了多方面的要求，客观上要求扩大教育对象，充实、丰富教学内容，进而要求对武术传承方式进行改革，以提高教育效率，培养高质量人才。班级授课制的武术传承方式产生就是顺应了在受教育人数增多的形势下人们对学校教育的要求，有利于提高教学效率并扩大教学的教育效果。

班级授课，便于技术动作的统一规范，给武术的传承带来了巨大的益处。而且这种教学形式大大提高了教学效率。教学组织形式，是教学活动中师生相互作用的结构形式，或者说，是师生的共同活动在人员、程序、时空关系上的组合形式。教学方法是在教学过程中，教师和学生为实现教学目的、完成教学任务而采取的教与学相互作用的活动方式的总和。它直接关系着教学工作的成败、教学效率的高低和把学生培养成什么样的人。因此，通过灵活多样的武术教学方法，开展多种形式的武术教学形式，大大提高了学生习武的兴趣。而且，武术教学方法往往借鉴西方体育的分解与完整教学方法，便于学生学习和记忆。因为，教育具有延续性，因此，通过班级授课的传承方式，使武术的传承得以绵延不断。

（三）师徒传承

师徒传承是古代中国武术传承的最主要、最普遍的方式。武术在民间至今仍然存在师徒传承这种形式，尤其见于明清流传下来的流派武术之中。师徒制是保证传统武术传承的重要原因，它可以使“学习者找到一条属于自己的道路，而这条道路继承了前人，也有了向下传承的接点，使学习者不再感到茫然，也有了着力感，促使传承者心无旁骛，专心为这个借承贡献心力，连带促进文化继续流传”，直至今日亦影响深远，我们仍能看到一些武术名家收徒后在一些媒体上公布的现象。如2005年5月7日，著名武术家张全亮收徒仪式在北京大兴举行，仪式现场显著位置摆放着已故八卦掌、吴式太极拳先辈：董海川、梁振普、李子鸣、杨禹廷、王茂斋、王培生先生的遗像。张全亮老师这次新收的入门弟子有：丁汉杰、龚坤、陈楚厚、赵金友、张光树、阎翠苹、聂恩正、吕淑君、张英江、刘铁树、宋连山等11人。曾获得全国太极拳推手冠军的丁汉杰的弟子黄小明、吴俊楠、姚宪忠、单进等多人也专程从外地来京参加了丁汉杰的拜师仪式。

拜师仪式开始，新入门弟子宣读拜师词后，由老弟子范森代表张全亮老师宣读门规师训。新入门弟子向张全亮老师和师娘马永兰行拜师礼，并向到场老前辈综起华、李秉慈、翁福麒以及嘉宾和张全亮的老弟子行见面礼。新入门弟子还向已故八卦掌和吴式太极拳先师行哀悼礼。张全亮老师新入门弟子代表丁汉杰等发言表示一定秉承师训，学习和继承老师高尚的武德，精深的武功，为弘扬和发展中国传统武术文化贡献力量。张全亮在讲话中勉励新老弟子不仅向老一辈武术家学习武功和技术，也要学习崇高的武德，他说技击是武术的灵魂，只有掌握和达到较高的技击水平才能更好地弘扬武术，才能更好地惩恶行善，保家卫国。他希望弟子们在武德和武技两方面不断学

习和提高。为中国武术的传传承和发展贡献力量。这种范例在民间广泛存在着，使这种古老的传承方式在当今社会仍然发挥着重要的作用。又如太极拳大家车正雷、孙永田、杨振铎等都有收徒的宏大场面出现。2006年10月29日；北京市丰台区武术协会浙商太极拳武术分会正式成立，并于11月26日举行了武术分会成立后的第一件大事，也就是会长王江成等16人拜陈式太极拳传人田秋田为师。

（四）媒介传承

现代高科技的出现，使一些文字、图像、影印、影音等传播成为可能，因此，武术在现代的传承中，深深打上了高科技的烙印，出现了媒介传承的新景象。

1.文本相传

文本相传是指文化知识用文字符号的形式记录或雕刻或印刷在石板、树皮、木板、竹筏、布帛、纸张等中介物体上进行传播、传授的一种文化传承方式。对于文字比较发达的民族或族群或者认字率比较高的人群来讲，这种文化传承方式最为普通，也最有效。

中国古代，由于科学技术不发达，以文字形式将武术记录下来较为不易，以至遗留下来的文本较少，仅是少量的古代拳谱。明清时期，绝大多数拳师是个人钻研技术，其心得或经验往往密而不传，更极少有人著书立说，造成“习武往往托于神秘，其言多不雅驯”的落后状况。“民国”初年，一些武术家每每痛感于此，指出我国武术不发达的原因之一在于“不立文字”。随着科学技术的飞速发展，大量的武术书籍、期刊成为现代武术传承过程中的主要载体。因此，只有通过学习、传抄、运用文本相传的方式来传承中国武术才是坚固而有效的，也是一个民族文化发育成熟和文化社会文明的体现。

2.电子传送

电子传送是指现代科学技术发展之后，利用现代电子产品和通讯设施来传播、传送、传承文化的现象。这种文化传承方式，在世界上各种文化的传承过程中是一种传承方式和传承手段的革命，只有具备了电、电子设备和相应的技术信息，如电视机、计算机、收音机、通话机、接收器、转播台、电波、电线等电子器材、通讯设施和互联网等技术，任何人都能够在不出家门半步的情况下，能够获得世界上各种文化知识和信息，也能够领略和欣赏到世界上五彩缤纷的图景。

21世纪进入了信息时代，计算机网络高科技手段已经渗透到人们生活的方方面面。美国人尼尔庞蒂洛在《数字化生存》一书发出了人类已经生活在"数字化时代"的呼声。计算机和网络带给人类最直接、最强烈的冲击是引发了文化载体和传播方式上的革命。中国武术内容的传承，如今也能搭载现代科学技术的平台，运用声音和图片的形式，通过平面媒体、立体媒体、电子媒体、影视媒体等文化传承的手段和形式进行传授、传播、传承。这种由"信息高速公路"带来的全新的时空观念，势必影响到人们的思维方式和精神空间的变迁，并进而导致文化观念的变迁。如在武术挖掘整理过程中，通过录像设备，把老拳师的武术动作等录制下来，并制作光盘，便于保存和流传；武打影视以武术为素材，广泛传播于海内外。

二、武术近现代传承的基本内容

（一）新时代的武德

1987年，全国武术学术研讨会上，武德被概括规范为"尚武崇德，修身养性"。武德既表现了武术人对社会规范的尊重，又包涵着对理想品性的追求。武德是依附于武术活动以及为人处世的意识，主要依靠社会舆论、传统风俗习惯、人的内在信念、教育的示范力量来起作用的行为规范。以"有恒心、守法律、尚谋略、勿骄矜、重信义"作为习武之人道德标准。

武术中的尚武崇德，是武术界一贯奉行的准则。"尚武"即崇尚武术，

参与武术运动。即练武与修身的统一，通过武术锻炼体魄，习练功防技巧，以求武勇有力，争斗有术，自强不息。“尚武”能培育“自强不息”的精神，是人生品德修养的重要途径与方法。“崇德”即推崇道德，遵守社会公德，承担社会责任，履行社会义务。是以道德规范武术行为与方法，使道德观念成为武技之准则。以求做一个奉公敬人、急义救危、“厚德载物”的社会的人。“崇德”能培养“厚德载物”的气度。拳谚有云：“未曾学艺先识礼，未曾习武先明德。”把品德修养列为习武之先决条件。著名武术家孙禄堂指出：“拳术中亦重中和，亦重仁义。若不明此理，即练至捷如飞鸟，力举千钧，不过匹夫之勇……若练至中和，善讲仁义，动作以礼，见义必为……试观古来名将如关壮缪、岳忠武等，皆以识春秋大义，说礼乐而敦诗书，故千秋后使人生敬仰崇拜之心。”说明道德伦理为武术之灵魂，武术家应以崇高品德制约武术行为，指导用武之目的。尚武崇德还表现在伦理思想与武术技艺的融合与统一。武德修养不仅事关自身学得武艺的精髓真谛、修炼道德品质，而且也是社会的要求和约束。作为观念形态的武德直接渗透到具体的技术与应用中，武德则成为武术的灵魂与内核，而武德修养的高低也决定其技艺水平的高低。武林中的诸流派各自形成了一系列为人们具体遵循的戒约。如少林戒约中提出，“习武者，以强体魄为要旨”，只是备以自卫，切戒逞血气之和，有对勇斗狠，倡导“济危扶贫、匡扶正义和不可逞强凌弱之举的德”。这些戒约的内容往往会直接影响到习武者技术水平的提高。

武德是习武之人的道德规范。它既具有社会道德的共性，又具有职业道德的特异性。武德从古代到现代的历史延续中，形成了所谓的传统武德与现代武德。

中华传统武德的内涵十分丰富，它以孔孟儒家的“仁学”为武术伦理核心，这种“仁”的思想贯穿于习武、用武、授徒乃至武术技术的创造与运用之中。中华武德以“和谐”的价值观为指导思想，武德思想中的内外兼修、习武与修身的统一、人与人之间以“仁爱”求和谐等均贯穿这种观

念。“仁”与“和谐”的思想是武德的核心，“仁”就是师慈徒孝，兄友弟恭，朋亲友爱。所谓“和谐”，包括个体和谐、人际和谐与道家的“天人合一”。武术运动的主体即人体自身是与宇宙自然相应相通的，人与自然是一个和谐的整体，“和谐”观念渗透于武术的各个方面，是武术伦理思想的最高准则。

中华传统武德以爱国、侠义为内涵的英雄主义为人生理想，提倡献身于国家民族之大义，扶危济困，除暴安良。武德还崇尚信义忠诚、尊师重道、孝悌守礼、俭朴谦逊等高尚的道德品质与优良作风武德具有时空的流动性，在不同的历史时期、不同的社会环境、不同的社会要求中有不同的内容。传统武德中绝大多数内容是属于表现人类精神与信念的基本社会伦理，无疑具有永恒的价值，也是武术在现代传承中需要继承下来的精华。

在21世纪，新的时期武德被赋予以新的内涵。如抱拳礼，在古代并不是武德的主要表现形式，但在新中国成立后出现的竞技武术中就成为了武德表现的主要形式，还有由此延续形成的抱刀礼、持剑礼、递器械礼等。武德也不是江湖义气，武德发展到现代就应该是社会主义社会的一种从武、习武道德，这种道德是武术习练者都应该遵守的道德，否则就应该受到谴责，但不是武侠影视、书刊中所提到的需要清理门户。现代武德的内涵主要有“爱国敬业、尊师重道、谦和豁达、明礼诚信、正直勇敢、顽强勤奋”等，所有这些规范和要求对现代中国具有积极的现实教育价值。所有这些内容不仅是每一个学习者需要躬身履行的，也是社会主义荣辱观所提倡的。同时，武德的教育并不仅仅是言语说教，而是有具体的行为规范。所有这些对习武者在行为上的规范要求可以以武礼的形式表现出来，武德与武礼相辅相成。

武德内容一定要符合国务院颁布的《公民道德建设实施纲要》（简称《纲要》）。与《纲要》不符的内容应予以剔除。学习武术时尊重老师、认真学刻苦演练表演、比赛之要尊重裁判和观众，演练投入（注意礼节，注意维护习武者在观众中的形象）。在日常生活中，要见义勇为，对人谦虚友

好，不恃强凌弱。传授武术时它首先表现为文化与技术同时传授，要在自己力所能及的情况下，更加广泛深入地传承武术。

民族精神是一个民族在长期历史发展中积淀的最优秀、最积极的观念文化，是该民族传统文化的精华和灵魂，具有鼓励、教育和团结本民族人民奋发图强的力量。笔者认为民族精神在武术中的体现就是武术精神，可概括为：刚健有为，自强不息；爱国图强，振兴中华；务实自重，精益求精；追求社会正义、良知、公德与和谐。武术精神是对习武者在数千年的武术实践过程中发展形成的武术道德的高度概括，是一种高尚的武术情操。

（二）武术技术

武术技术是武术的根本，无疑也成为现代武术传承中的主要内容。现代武术在吸取了西方体育的基础上，日益规范化和科学化，不仅大大丰富了武术的内容，而且对武术技术的内容分类更加详细、清楚，便于武术传承。根据武术的运动形式，武术技术体系分为演练技术和对抗技术两种。功法在演练技术和对抗技术中都有专门的练习方法。如武术基本功的腰、腿、鼎、桩功、散打的拍打功等，以及传统的健身功、强身功、养生功。有些是为演练技术和对抗技术打基础或提高能力，有些则是一种相对独立的技术方法。竞技武术的技术包括以长拳类、太极拳类、南拳类演练技术和散打、推手等格斗技术组成的技术体系。

（三）武术规则

随着武术竞赛的开展，武术竞赛规则和裁判法无疑是习武者应该了解和掌握的学习内容。因为只有这样，才能依据规则而进行相应的训练，从而取得优异成绩。

1928年10月28日，中央国术馆在南京举办第一届国术国考，参加者多是来自各省市选派人员及国术馆的教师和学生。散手竞赛采用单败淘汰制，比赛在长方形场地上进行，打法不讲流派，临时抽签进行，凡击中对方任何一

部位得一点，三局两胜。1933年中央国术馆在南京举办第二届国术国考，散手竞赛以点到为止，凡用手或脚击中对方任何部位均得一点。1929年初由浙江省国术馆在杭州承办的国术游艺大会上，也进行了散手比赛。比赛者均着统一的灰色布短装，扎腰带，分为红白两色：擂台高1.3米、长20米，宽18.6米。被打倒者，或自视不能胜而认输者为负。决赛时，拳脚一律解放，踢击各部位均可。

1934年在南京举行的第四届全国运动会上，散手以性别分组，按体重分级，并带有护具；头和裆部都是禁区，将对方击倒为胜一次，三局两胜，没有时间限制。1989年国家体委颁布实施《武术散手竞赛规则》，开始举办全国武术散手擂台赛，从此武术搏斗运动的比赛被纳入全国体育比赛正式项目。

1923年由马良、唐豪、许禹生等联合发起在上海举办的中华全国武术运动会，是中国武术史上的第一次武术单项运动会。1935年在上海举行的第六届全国运动会上设有男子、女子国术锦标赛，评分标准包括姿势、动作、运动3项。这一竞赛规则虽简单且不具体，揭示了对套路运动质量进行评定的基本要求——静态、动态、劲力等。第一部《武术规则》经国家体委审定后，于1959年7月正式颁发，并在同年举行的第一届全运会上实行。该规则调动了广大运动员和教练员创编套路和革新技术的积极性，使武术技术逐步趋于质量高、难度大、形象美，同时将中国武术比赛的形式、内容、方法加以确定，将繁杂的拳、械的技术标准加以统一，作为竞技武术的新体系而被武术界所确认。

武术竞赛规则是武术发展的航标，因此，对规则内容的掌握有助于把握武术技术发展的动态。如1973年，对1959年开始实施的《武术规则》进行了修改，去掉了原第21条“各项动作的错误分类”，增加了“各项动作的评分标准”一条，对长拳和长、短器械的评分标准作了具体规定，并给予一定的分值，新规则鼓励创新难度动作，于是出现了武术的侧空翻劈叉、旋子转体等高难动作。1979年再次修改《武术规则》增设了竞赛项目，将原来作为表演项目的其他拳术、其他器械和对练也列为竞赛项目，还增加了集体项目。

新的规则提高了动作规格的分值。增加“其他错误的扣分标准”一条，将原来的第8条至第12条归为一类。另外又增加了其他方面的扣分标准，特别是对助跑性的翻腾、跳跃动作的助跑步数及出现的次数，跳跃、跌扑、滚翻及限制性的动作次数作了具体规定，并划分了扣分标准。新的规则在“长拳主要的动作组别及要求”中增加了一条“限制的动作”，将前手翻、后手翻、头翻、头手翻、虎跳、毽子、旋子转体、腾空前翻、腾空后翻、腾空竖叉跃步、腾空剪腿、侧空翻、侧空翻转体、单腿向前翻身、助跑性翻腾跳跃列为限制的动作：1984年与1991年，经两度对该规见略加修改与补充后，重新颁行。如在第11条中增加了“形意拳、八卦拳、通臂拳、劈挂拳的评分标准”和第20条“其他规定”等。虽然规则多次修改，但竞赛的形式不变。武术散打自开展以来也进行了几次修改，都是为了武术能够更好地传承和发展。掌握武术的规则和裁判法，为了更好地了解武术、学习武术和掌握武术技法。

（四）中华文化

武术是伴随着华夏文明的发展而发展的，蕴涵丰富的中华文化，包括武德在内，许些拳理都受中国传统思维方式的影响。新中国成立以来，在国家的重视下，展开了武术的挖掘整理工作，武术深邃的文化内涵日益受到人们的重视，并在身体力行的武术实践中自觉地进行中华文化的思想教育。因此，中国武术不仅是一种中国的一种技击术，更是中华文化的载体，传承武术，就是传承中华文化。

张岱年先生认为“中国哲学有一根本观念，即‘天人合一’。认为天人本来合一，而人生最高理想，是自觉地达到天人合一之境界。物我本属一体，内外原无判隔”，台湾学者钱穆亦有类似的认识，他认为“中国文化特质，可以‘一天人，合内外’六字尽之”。

“天人合一”是中国文化的基本思想，有两层意思：一是天人一致。宇宙自然是大天地，人则是一个小天地。二是天人相应，或天人相通。是说人和自然在本质上是相通的，故一切人事均应顺乎自然规律，达到人与自然和

谐。老子说："人法地，地法天，天法道，道法自然。"即表明人与自然的一致与相通。先秦儒家亦主张"天人合一"。汉儒董仲舒则明确提出："天人之际，合而为一。"成为两千年来儒家思想的一个重要观点。"天人合一"的思想在中国武术中有非常普遍的体现。

清代杨氏传抄太极拳谱中有云："乾坤为一大天地，人为一小天地也。"而"所谓人身生成一小天地者，天也、性也、地也、命也、人也、虚灵也、神也、若不明之者，乌能配天地为三乎。"要知天人同体之理，自得日月流行之气。所以在练习武术的过程中，人们总是在追求人体与大自然的和谐相通，使人顺乎自然，其运动也要服从大自然的变化规律，以此来求得物我、内外的平衡，达到阴阳平和。为了追求人与自然的和谐，古代习武者常象天法地，师法自然，从大自然中吸收营养，模拟自然界中各种事物的动作、姿态、神情，结合人体运动的规律和技击方法的要求，以创造和丰富武术，并以自然界的现象来喻拳理，所以武术中有许多以自然界各种事物来命名的拳种和动作。如形意拳中的十二形，则是以十二种动物的动作为依据，按形意拳的动作和劲力特点演化而来。南拳中的虎鹤双形拳，是以虎、鹤两种动物的动作为基础，结合人体运动特点和技击技术而创造的拳种。此外，蝗螂拳、鹰爪拳也是分别模仿蛙螂、鹰的动作，取其形，会其意而创造的拳种。这样的例子不胜枚举。如长拳的"十二形"说"动如涛、静如岳、起如猿、落如鹊、立如鸡、站如松、转如轮、折如弓、轻如叶、重如铁、缓如鹰、快如风"，也是以十二种物象来说明刘一演练时动作的十二种变化的要求，其中绝大部分也是取自然界的物象来喻拳势。

"天人合一"的思想使中国的传统文化具有重和谐、重整体的思维特点，这种思维特点表现在武术中则是追求动作的"合"，就是说动作的和谐、协调。最为典型的是所谓"内外三合"即"心与意合，意与气合，气与力合；肩与胯合，肘与膝合，手与足合"这实际上是要求由内在的心、意、气到外在的四肢、身体的各个部位都达到相互协调。应该看到，协调既是人的一种本能，又是人们有意识地培养和训练，使动作达到完美的一种能力。

“合”是武术特有的技术要求和独具特色的理论。如长拳中的“八法”，就体现人体内与外的矛盾。

其中，“手、眼、身法、步”是指外，是对身体表面各部动作的要求，如“手眼相随”等；“精神、气、力、功”，则是指内，是对精神、意识及人体内脏各器官机能的要求。例如，太极拳要求做到“先以心使身”，做到“其跟在脚发于腿，主宰于腰形于手，总须完整一气”，而后“身能从心”，“意、气、力”三者结合，“以心行气务令沉着”，“以气运身务令顺遂”等。这里“心”“气”等指内，“运身”指外，这样把内与外结合起来，强调了对人的整体观。南拳讲究“内练心、神、意、气、胆，外练手、眼、身、腰、马。”形意拳的“六合”，则要求“内三合”与“外三合”。“内三合”是心与意合，意与气合，气与力合”。“外三合”是“手与足合，肘与膝合，肩与胯合”。这些拳种都是从人体整体观出发，把人体的“内”与“外”结合起来进行训练，来提高武术技术水平。

“天人合一”的思想还决定了中国哲学主张人的道德原则和自然原则的一致性：张载肯定天人合一是“因明致诚，因诚致明”。“诚”是最高的道德修养，“明”则是最高的智慧这种“诚”表现在武术中就是武德，“明”则表现为技艺超群。这也正是古往今来，德高望重的武术家不断追求自我道德完善和技术完美的原因。古代人崇尚武德，是依据习武者掌握有一定的技击技术的特点，来调整人与人，以及人与社会之间关系的行为规范，努力做有益于社会的事。为此，在习武者之间常有一些戒律、法规，随着历史的变化，其内容虽多有变动，但基本宗旨不变，即要求习武者成为见义勇为、有高尚道德的人。

同时习武者还把对技术精益求精的研习作为道德修养的手段，认为这是一种内修的功夫。他们崇尚勤学苦练的精神，努力提高自己的技艺水平。过去人们常将武术训练称为“练功夫”，功夫是指做一件事所花费的时间和精力。训练花费的时间和精力多，技术水平也高，所以前人常竭毕生之精力于

“练功夫”，致使“功夫”作为武术的代名词在世界上流传，这正是他们孜孜以求技艺之精的结果。

因此，中国武术的“求整劲”“形神兼备”“内外双修”“德技互补”和“象形拳的发达”等几个方面正是追求“个体身心和谐”“人与社会和谐”和“人与自然和谐”的集中体现。

第三章　大数据时代中国传统武术的价值

即便是进入了大数据时代，但中国武术传承的价值依然是从六个方面体现出来，分别是健身价值、防卫价值、教育价值、娱乐价值、经济价值、社会价值。

第一节　传统武术的健身和防卫价值

一、中国武术的健身特征和攻防特征

（一）中国武术的健身特征

单纯立足于健身的视角来分析会发现，中国武术需要习武者全身各个部位都参与其中的运动项目。中国武术对习武者提出的要求分别是：不仅要拥有长拳的快速和太极拳的稳健，还要具备特定的肌肉力量，也要具备良好的协调性和很高的柔韧素质。

中国武术提倡以人的整体发展作为出发点和立足点，将身体内外兼修作为习练的侧重点，主张整个习练过程要由内向外、循序渐进，最终达到意行合一的高度。

武术的基本组成部分就是不同类型的拳术的套路，习练这些套路能使人体的柔韧素质、灵活素质以及协调素质得到大幅度提升。

武术反复重申的另外一个侧重点是调息行气和意念活动，如此能将习练者的人体内部环境逐步调节至平衡状态，并在基础上产生调养气息、改善人体机能的功效，换句话说就是发挥出强身健体的作用。

（二）中国武术的攻防特征

和人类社会的所有事物相同，武术同样也起源于人类生产斗争这个最基础的实践活动中。对于远古时期的人们来说，要想生存下去就必须和野兽进行搏斗，猎取食物，他们在满足生存需求和生活需求的过程中慢慢掌握了很多格斗技能和扑杀技能，同时制造和使用了很多原始特征显著的武器。武术的练习形式和内容都具有多样化特征，具体是由踢、打、摔、拿、跌、击、劈、刺等动作组成徒手的和器械的各种攻防格斗搏击技术和套路。发展至今，武术的常见表现形式分别是散打和套路，其中散打属于对抗性项目的范畴，侧重于实用技击方法，对抗性特征相当显著，而套路运动则是由攻防格斗动作组成的。

在武术运动的多个方面都充分反映了攻防格斗特征，如不同类型的拳法在技击方法和技击原理两个方面的攻防特征都十分显著。举例来说，长拳动作灵活快速、刚柔相济、踢、打、摔的动作流畅，力点清晰；南拳手法多样、动作紧凑、劲力刚健；太极拳以静待动、以柔克刚、四两拨千斤等。与此同时，器械又参照不同种类衍生出了很多种使用方法，实战搏击的打法也呈现出了多样化特征。现代武术作为体育运动中的一种，在技术方面严格遵循攻防规律，同时把技击寓于散打运动与套路运动之中。对于个体而言，学习武术能使其竞争意识和拼搏意识有所增强，也能使其防身自卫能力得以增强。

二、中国武术的健身价值

（一）中国武术对疾病防治的影响

中国武术能有效预防很多疾病，这里着重对其预防心脏病、预防癌症、预防关节疾病的作用进行阐析。

1.预防心脏病

心脏病是现代社会发病率很高的一种疾病，世界各国都呈现出了心脏病高发病率的趋势。现代医学研究指出，年龄高于40岁的人群更容易患心脏病，特别是长期从事脑力劳动的40岁以上人群。

习练中国武术的意义在于：一方面，能使个体的冠状动脉循环得到改善，有效增加冠状动脉中的供血量，使身体的血脂浓度有所降低；另一方面，可以有效预防心肌缺氧与心肌缺血这两种情况出现，促使个体的心脏功能有所增强，有效降低患心脏病的可能性。

2.预防癌症

对于任何人而言，癌症都是其维持和延续生命的克星。发展至今，癌症仍未被彻底攻克，所有治疗方法只能产生将生命延续至特定时间的作用。但现代医学和体育学的相关研究成果指出，习练武术项目，特别是习练易筋经和六字诀等气功项目，能有效预防癌症。

相关的实验研究指出，坚持参与武术练习能有效改善身体内部免疫细胞的组成结构，有效增强细胞膜上受体的活性，此外能使血液免疫细胞的含量出现大幅度增加。就免疫细胞膜上受体来说，其最显著的作用是发现入侵体内的病菌或出现病变的细胞，在此基础上将其彻底消灭掉。与此同时，有规律地参与武术运动能有效刺激胸腺，进而增加身体分泌出胸腺素的实际数量，而胸腺素能提高免疫细胞活性，逐步恢复病人已经呈现出退化趋势的免疫系统，最终有效增强其免疫系统的功能。除此之外，参与武术运动可以有效调节身体内部的内分泌系统，促使身体内部不同类型的激素保持在正常状态，使武术习练者患有癌症的可能性大幅度降低。

3.预防关节疾病

当人体参与武术运动时，身体的绝大多数关节都会参与到这项活动中。多项武术项目都呈现出了别具一格的特征，都能使人体包括肘关节和肩关节在内的多个部位的关节得到充分锻炼。总之，对于参与武术运动的个体来说，不仅能使其肌肉韧带强度得到有效增强，也能使其关节更加灵敏，还能使其关节的柔韧水平得到大幅度提升，对关节炎和骨质疏松等疾病的发生也有显著的预防作用。

（二）中国武术对人体运动系统的影响

在锻炼人体运动系统时，西方国家倾向于通过集见效快和直接性特征于一体的器械训练，来快速强化人体骨骼、肌肉、关节的力量；中国武术往往会在结合人体正常新陈代谢的基础上进行锻炼，不会单方面追求锻炼效果，如此和人体发展规律更加吻合。对于个体而言，骨骼生长至关重要，个体习练武术时完成的系统性套路运动，会向处于生长状态的骨骼提供源源不断的外部刺激，逐步将骨骼中的有机物和无机物调节至平衡状态，由此使人体的骨骼更加成熟。

在发展肌肉的过程中，武术运动不会刻意塑造肌肉和增加人体爆发力，相反始终致力于推动肌肉朝着适度、均衡、健康的方向发展；武术习练过程中配合使用深层肌肉与全身肌肉的做法，有助于肌肉不间断且循环往复地战胜各种阻力，人体完成重复且有意识的武术习练活动后，其肌肉力量必然会有所增强，在满足学习需要和生活需要时也会变得容易很多。除此之外，人们坚持参与武术运动能使其关节稳固性得以增强、关节面的骨密质得以增厚、关节周围的肌肉力度得以增强、肌腱和韧带变得更粗，最终使得关节柔韧性朝着更好的方向发展。由此不难得出，武术运动充分遵循了人体生长发育的规律，促使人体运动系统朝着更加健康的方向发展，对个体以更高的效率完成学习任务和工作任务有积极作用。

（三）中国武术对人体神经系统的影响

通常来说，大脑发出命令是人体从事不同种类活动的前提条件，当神经系统发挥传导作用后人体各项机能会更加协调、密切配合，由此确保机体和外界环境处于平衡状态。对于参与武术运动的个体而言，所需完成的动作难度越大，对其肌肉力量和身体平衡能力的要求就越高，当大脑与神经接收到外部刺激后，神经细胞的工作量会持续增加，而神经细胞要想完成日益繁重的工作就不得不吸收更多能量和氧气，而大脑和神经系统会在能量和氧气充足的情况朝着更好的方向改善。对于武术运动参与者而言，坚持参与武术练习能使其神经疲劳感慢慢消除，也能为其拥有较高的睡眠质量、敏捷的思维、清醒的头脑、较高的学习效率和工作效率提供保障。

（四）中国武术对人体循环系统的影响

循环系统是人体的细胞外液及其借以循环流动的管道组成的系统，同时是血液循环的动力与管道系统，两个主要组成部分分别是心血管系统和淋巴系统。循环系统的显著价值是把氧气、激素、营养物质源源不断地输送至维持身体不同部位的器官、组织以及细胞中，同时高效排除输送目的地的代谢物，为身体完成正常生理活动提供重要保障。

构成心血管系统的两个组成部分分别是血管和心脏。血液循环由心脏和血管形成的，血液循环能把氧气和营养物质输送到位于身体不同部位的组织、器官以及细胞中，并且把组织细胞中的代谢产物输送到排泄器官中。人体内部的循环系统在任何时间都处于规律性运动状态，所以说个体参与武术运动能使其循环系统功能有所增强。个体参与武术运动对其循环系统产生的影响反映在以下几个方面。

1.改善心血管系统的功能

中国武术在改善心血管系统功能方面的作用是不容小觑的。具体来说，个体认真参与武术练习，尤其是认真参与棍术和剑术练习，不仅会使其血管收缩度、血管舒张度、毛细血管量得到大幅度增加，还会使其血液流通速度

得以加快，从而加快向身体各部位组织细胞流通的实际速度，最终使相关细胞和组织获得更多的氧气与营养物质，此外，机体组织和细胞代谢过程中形成的物质被运输至排泄系统相应器官的实际速度也会更快。整个过程不但能增强个体肌肉耐力，而且能使肌肉出现疲劳的时间延后。

总之，参与武术运动锻炼能使心血管功能得到大幅度改善，能使人体心脏细胞对血液和氧气的供应更加充分，使个体患有心脏疾病的可能性大幅度降低。

2.提高细胞和组织的活力

把参与武术运动作为锻炼身体的一种方式，能使身体内部的白细胞数量和红细胞数量有所增加。就白细胞来说，其具备极强的免疫能力，同时形成的抗体能抵御侵入人体内的细菌或病毒，进而使身体维持在健康状态；就红细胞来说，其中包含很多具备携氧能力的血红蛋白，红细胞数量越多意味着血液携带的氧气就越多，而氧气供应越充足意味着身体参与运动越轻松，反之身体的疲劳感就会越重。诸多实践活动表明，个体参与武术运动能使其身体内组织和细胞的活力得以增强，也能使其血液运送氧气水平和免疫力水平得到大幅度提升，还对运动疲劳有减缓作用。

3.促进新陈代谢更快的转化

人们要想维持正常的生理功能，不仅要把身体内部的代谢产物及时排出体外，也要通过合理的膳食补充来摄取机体所需的营养物质，这是机体进行有序新陈代谢的保障条件。就机体排泄过程来说，要想向有关系统运送代谢物质就必须充分发挥血液循环的作用，所以说个体参与武术运动不只是能达到改善心血管系统功能的目的，还能达到加快新陈代谢速度的目的。

（五）中国武术对人体呼吸系统和免疫系统的影响

第一，不同的武术锻炼在形式、强度、难度三个方面存在或多或少的差异，个体参与强度存在差异的武术练习，能达到锻炼心肺功能、强化呼吸肌

功能、加大胸腔变化幅度、提高呼吸质量、使呼吸和动作节奏充分融合、耐力素质和体力水平大幅度提高的目的。

第二，中国武术讲究精、气、神，习武者为获得预期的动作效果往往会有意识地提气、憋气、沉气等，如此能使其呼吸系统得到有效锻炼。

第三，参与武术锻炼能对参与者的免疫系统产生巩固作用，特别是能对其淋巴系统产生显著的巩固作用，增加参与者机体抵抗疾病的能力。

（六）中国武术对人体消化系统和内分泌系统的影响

在个体参与武术训练的过程中，不仅会消耗能量，还会加快物质代谢素质，进而使身体内环境保持相对稳定的状态，降低机体出现疾病的可能性。

三、中国武术的防卫价值

（一）中国武术在当代具有安全保障功能

1.武术在社会公共安全中的作用

分析古代的作战士兵会发现，他们往往都掌握或多或少的武术技能，武术动作和武术技能是其作战打仗的一种手段，军事色彩相当浓郁。就当今社会来说，包括武警和特警在内的多种准军事特种职业都高度重视搏斗和擒拿等多项技能的培养。这些行业的特殊性反映在两个层面：一方面受相关法律的影响，很多情况下不允许持有武器；另一方面，和敌人搏斗时为制服敌人常用的手段是单对单的徒手或持械格斗、擒拿。基于此，这些行业的专业人士往往采用擒拿、散打、空手夺械等克敌制胜。

2.习武自卫功能与民间尚武的兴起

在民间，居民参与武术运动能或多或少地弥补社会治安力量不足的现实问题。恩格斯指出，自社会分裂成阶级之后，居民的自动武装组织已经演变成不可能事件。构成这种权力的不单单包括有武装的人，也包括监狱和不同类型的强制设施在内的多种物质的附属物，而这些在过去的民族社会是无法

找到的。深入分析恩格斯论述的观点会得出，“公共权力”包括“宪兵队等武装的人、监狱和强制设施”，在阶级对立程度持续增强的过程中产生了持续强化的必要性。但是“以群的联合力量和集体行动来弥补个体自卫能力的不足”则需要相关人士参与相关锻炼后才能拥有。由此可见，普通大众学习武术能达到保护自身的目的。

诸多调查结果显示，气候恶劣的偏远山区和分布多个民族且矛盾尖锐的地区往往盛行习武风气，其中在社会治安环境有待改善的地区表现得最为明显。

（二）武术与当代军人精神的塑造

武术具备锻炼军人顽强意志品质和敢作敢为精神的作用，而促使军人形成优良品质对当今社会提出的富国强军思想具有深远意义。尽管新时代的战争已经发生了很大变化，然而军人依旧是战争的主宰，因而武术对军人精神修为的价值依旧能被彰显出来。

在很早之前，人们就已经认识到武术具有塑造军人精神的作用，如梁启超的《哀同胞之将亡》、罗廷光的《国家主义与中国小学课程》、范振兴的《我对于国术的所见》中，都提出了武术能培养军人战斗精神的观点，此外孙中山先生也深刻认识到武术和国家强弱以及民族兴衰之间的联系。

以人体之间对抗为显著特性的中国武术的出现时间要比军事出现的时间早很多，保护自身安全和自身利益是武术持续发展的内在动力。在社会分工呈现出日益细化的发展走向后，私有制逐步形成，阶级社会应运而生。发展初期的武术运动为随后出现的军事奠定了原始兵器、格斗技术以及人力资源等多个方面的基础。就冷兵器时代来说，武术功夫和军事武艺之间呈相互交汇、相互融合、相互促进的关系。在战争形式持续演变和战争规模日益扩大的双重背景下，呈现出集团化特征的军事和侧重于个人防卫技艺的武术运动之间的差异越来越多；自不同类型的火药武器出现以后，军事武艺慢慢消失在人们的视野中。

总而言之，武术得以发展的内在动力是广大群众的社会需求，武术发展至今依旧在公安、特警、治安等公职部门发挥着独特价值。防卫功能是武术得以存在的基础，更是武术最显著的功能之一。

第二节　传统武术的教育和娱乐价值

一、中国武术的教育价值

（一）中国武术教育价值的内涵

就我国的“文化”一词来说，其本身就蕴含着“以文教化”的思想内涵。武术的教育价值起源于武术运动的文化内涵，这不仅反映了将武术作为学习内容来传授生活经验的社会活动，也包含对培养社会成员的社会现象，从本质上来说武术培养社会成员的社会现象就是向社会成员传递社会经验的必要过程。由此可见，武术教育集本体价值和社会价值于一身。

教育，既是组成文化的一个重要部分，也是文化得以传递、改革、创新的一项有效手段，所以说教育在文化中的地位举足轻重。

具体到武术教育，则是武术文化得以留存、传承、改革、创新的一项有效手段。很多学者提出的观点都客观体现了古代社会开展武术教育的目的，如亚里士多德指出尚武教育的目的不仅是保护自己、防止自己被他人奴役，也是为了获得领导的地位，但这里所说的领导并非是想要树立普遍奴役的体系，而是旨在维护受领导者的利益，更是原本有奴性的人们借此成为主宰的一条途径。

（二）中国武术的教育价值解析

1.培养人的内心素质

中国武术中蕴含的武德能有效培养个体的心理素质。纵观中国武术的发展历程不难发现，中华文化对中国武术发展产生的影响体现在多个方面，在中华文化长期作用下武术表现形式逐步形成，中国浓郁的传统文化色彩反映在武术运动的方方面面。人们要想对武术形成客观而全面的认识，就必须深入挖掘和研究武术中蕴含的文化底蕴和多重内涵。

“文以评心，武以观德”出自中国武术文化，这句话充分反映了武德在武术文化中占据着不可替代的地位。在武术文化形成和发展的过程中，长期积淀而成的道德修养是习武者务必要学习和掌握的，并且受到了武术各家的高度重视，武术家和武术练习者与社会各界人士的沟通往往需要凭借“崇德扬善”的观念加以调节，由此推动广大习武者逐步发展成为品德和武术技艺同步发展的武术继承人。

从字面意思来看，武德是指武术道德，很多学者就武德提出了不同的观点。一些学者指出武德就是“尚武崇德”的精神，还有一些学者指出武德就是参与武术练习的人反映出的道德品质，绝大多数学者认同武德是习武者行为规范要求的总和武德主要包括习武者在社会活动中具备的道德品质以及应当严格遵守的道德规范和行为准则，武德是武术习练者人际关系得以协调的重要内容，能对武术习练者的个人修养、道德水平、精神境界、武术利益等多个方面产生一定程度的影响，并渗透在拜师、收徒、教武、习武、用武等多项武术活动的全过程中。武德是社会伦理道德在武术领域的实际运用，对习武者提出的要求是将练武和修身有机统一起来，把崇德和尚武联系在了一起。

中国武术中的武德详细反映在“仁、义、礼、信、勇”这五个方面。首先，“仁”的基本含义就是博爱和关爱他人，从某种程度来说“仁”中蕴含着人的全部道德意识，武术练习者德性的最高境界就是“仁”；其次，“义”指的是依人而行的标准、方式与手段，是对人的行为强调规范和遵守相关准则；再次，“礼”着重指谦卑和尊敬的心理，换句话说就是人们待

人接物、为人处世、处理社会关系的礼节，具体到中国武术中则反映为武术切磋中包括抱拳礼在内的礼节；然后，“信”是指诚实守信和谨遵承诺，具体到习武者身上就是要讲信用、重承诺，最后，“勇”是指在个体在达到仁爱、守义、明礼、知信四项要求的基础上积极采取的行为活动，换句话说就是见义勇为的精神。

虽然中国武术的本质特征是技击攻防，但其基础性道德属性是对“仁爱”“人和”等精神的推崇。在不同社会发展阶段，武术对习练者提出的道德规范要求往往会因拳种门派不同而呈现出或多或少的差异。武德的内容就是习武者在社会生活、拜师择徒、传授武艺、运用武艺等方面提出的具体要求。

通过全面性分析不难发现，在中国武术中蕴藏着数千年的历史传统，包含的优良品质分别是重视礼节、信守承诺、尊师重道、舍己为人、顽强不屈、行侠仗义、刻苦求进等，这些优良品质不仅有助于国民优良民族性格的塑造，也有助于国民独特思维模式的产生和发展。分析国人的思维方式会发现，国人侧重于直觉和实际，而中国武术要求习武者在亲身参与武术实践活动的过程中深刻感受武术的意蕴、武术的意境、武术的技巧，所以说习练武术的过程是习练者提高体质水平和净化心灵的过程。对于社会经验偏少的年轻人来说，中国武术中蕴含的文化教育价值会在第一时间被年轻人大脑接受并发展成为稳固且持久的文化基础，能对年轻人终身发展产生深远影响；对于社会经验较多的成年人来说，中国武术中蕴含的文化教育价值会使成年人在接受道德美德、伦理品质、人生理念的长期影响和洗礼的过程中，使其思想道德水平得到大幅度提升。总之，中国武术变化多样的人体动作能将习武者的思想、道德、意念、美感、文明程度充分彰显出来，中国武术具备的文化教育价值在人类多重文化中以及人类发展历程中都有所体现。

2.锻炼人的意志品质

中国武术有助于个体意识品质的形成和增强例如，对于习练武术时间较短的习武者来说，必须要认真练习基本功，而基本功练习环节很考验习武者的身体，习武者必须要坚定不移地战胜身体上的疼痛；再如，对于习练武术

套路的习武者来说，必须具备忍耐枯燥和煎熬的意志力以及吃苦耐劳的意志品质。习武者坚持参与武术练习，会逐步形成良好习性和意志品质。

3.促使人、身、心三者和谐

就和谐来说，不仅是中国传统文化的精髓，还是中国传统文化的最崇高的价值原则，也是中国传统文化和西方文化的一项显著差异，在中国传统文化发展历程中发挥了显著作用，此外中国传统文化因和谐而逐步定下了自身发展基调。重视和谐，一方面是在致力于追求人和物的共生共存，另一方面是在致力于追求人和自然之间的和谐、人和社会之间的和谐、人体内部和人体外部的和谐。在不同历史时期，社会各界都高度重视和重申和谐发展的重要性，因而学习武术但不提倡暴力的观点在很早之前就被提出，同时主张借助“礼”来调节个体间矛盾。

中国传统文化大力倡导个体身心内外的和谐，因而在任何武术流派和拳种的操练过程中都提倡要“内三合”和“外三合”，此外指出习武者身心需要充分统一，从根本上说习武者身心充分统一就是指其身体和心理要和谐发展。在中国传统文化反复重申和谐价值观重要意义的背景下，和谐具体到中国武术中不只是指习武者动作上下和内外技术充分协调，更是把和谐定位成重要的武术文化概念。

4.培养独立人格的价值

作为一名武术家，必须高度重视“自我”这个命题。中国武术有助于习武者形成独立且尊重他人的良好风貌。在重视实践观念的长期作用下，习武者之间在切磋和交流技艺的过程中会更加全面地认识彼此，同时促使习武者以崭新的视角审视自己，由此可见武术的对抗性特征有助于习武者形成独立人格和尊重对手的良好习惯。

5.激发人积极向上

在中国文化持续发展的过程中，慢慢形成了传统文化基本精神的多元化格局，刚健有为在个体精神领域的存在形式是中华民族的重要心理因素，刚健有为作为一种精神气息要求人们集自强不息精神和宽广胸襟于一身。

在中国武术中，同样渗透着刚健有为的精神气息，并且激励习武者不断向前。武术既是身体活动，也是技击术，武术在大力倡导勇武的同时，也在致力于追求获得比赛的胜利，由此调动和激发习武者的主观能动性。与此同时，参与武术习练活动能使习练者逐步形成强者争胜的精神，即便是太极拳同样蕴含着刚健有为的民族文化精神，对习武者形成积极向上的性格有引导性作用。总而言之，习武者能够通过外在的动作技术和内在的心态和精神，将自身健康向上的精神风貌呈现给他人。

6.增强国人的民族团结意识

在中华民族的长期发展中，各民族间的融合程度、地域性特征、文化趋同程度等方面呈现出了日益弱化的发展走向。中国武术的价值和功能可以有效增强民族认同感和民族凝聚力，具体表现为在各个地域和民族的传统武术被相继发掘出来并持续传承的过程中，大大强化了历代国人的凝聚力和认同感，历代国人的民族自豪感有所增强，这对国家和民族的可持续发展无疑是有百利而无一害的。对于参与起源于各个民族和地区的武术项目的习练者而言，习练者在参与过程中的竞争思想会逐步增强，民族感和集体荣誉感也会在潜移默化中在其内心生根发芽。由此可见，组织和开展中国武术的习练活动有益于民族间团结和协作，也有益于强化广大群众的民族和集体意识，还有益于广大群众民族认同感与民族凝聚力的持续强化。

（三）提升中国武术教育价值的可行性策略

1.对有效场地资源进行合理规划和利用

在认识和了解中国武术的基础上，人们要想学习和操练中国武术离不开场地资源这项基础性的物质保障。要想高质量地参与武术练习，就必须科学规划和开发场地资源、保证场地布局达到合理性要求、促使场地利用率达到最大化，在达到这三方面要求的基础上使场地利用价值获得大幅度提升，具体策略如下。

第一，运用多元化手段，设法开拓出多条渠道，从社会多个领域筹集开

发场地所需的资金，保证武术健身场地的规划工作和布局工作达到合理性要求。在我国各大城市大力建设健身广场，最大限度地满足广大居民的武术健身需求，将大众健身与全民参与的理念落到实处。

第二，开发室内运动场地，组织和派遣达到专业化要求的运动辅导员和武术教练，为广大群众参与武术运动提供便利。

第三，免费开放城市中的公园，或者督促城市的公园降低票价，进而为市民在公园内学习和操练中国武术提供便利。定期维护公园内的器械和设施，安排专人管理公园内的资源。

第四，最大限度地挖掘和利用当地的校园资源。一方面，适度增加利用学校地理优势和环境优势的力度，进一步开发武术操练场地和武术器械，促使武术操练场地和武术器械的利用率得到大幅度提升，使学校开展武术课程教学时对场地和器械的需求得到充分满足；另一方面，寒暑假期间可以选择在黄金时间段对外开放，促使场地资源获得最大限度地利用，从根本上加强武术宣传和教育力度。

第五，就社会层面来说，要自觉在体育俱乐部或者健身俱乐部组织和开展武术习练活动，广大群众前往健身俱乐部或者健身房参与武术运动同样不失为一种良好的健身选择。尽管体育俱乐部的主要运营目的是营利，但减少会费吸引更多武术爱好者同样能获得不错的经济效益。

第六，积极在社区举办宣传与推广中国武术的多样化活动，促使社区居民自觉参与到集体性的武术健身活动。

2.普及武术教育

在国际经济迅猛发展、百姓生活水平持续提升的过程中，百姓的业余时间同样也在不断增加，这些变化促使百姓日益关注业余时间的利用率，百姓在业余时间参与的休闲娱乐活动呈现出日益多样化的趋势。中国武术作为一项体育活动同样成为很多人度过业余时间的一种选择，在这种社会背景下普及和推广中国武术显得尤为必要，并且能大力推进武术教育的开展进程。需要注意的是，只是在学校普及武术教育是远远不够的，务必要在社会各个领

域普及武术教育，促使不同社会领域的人都积极了解和参与武术，切身体会武术的独特魅力，使他们业余生活的武术参与度得到大幅度提升。以下两项措施能有效普及武术教育。

（1）在学校武术教学中适当增加娱乐休闲教育

①在武术教学中融入娱乐的理念和目标

自很早开始，我国学校体育教学就将主要目标定位成增强体质、强身健体、提高运动能力，学校体育教学中的娱乐色彩极少。但很早之前“美国国家娱乐和公园协会”就制定了自幼儿园至十二年级的学校休闲教育的相关目标，明确指出学生要深刻认识到休闲活动对生活品质的提升作用以及休闲娱乐对个体自我价值和自我尊严的彰显作用，大力支持学生合理规划和安排业余时间，激励和督促广大学生自觉参与休闲娱乐活动，针对社区休闲娱乐活动的开展状况提出自身的观点和看法。对比分析后不难发现，我国广大学校对娱乐教育的重视远远不及美国。我国各级各类学校应自觉把休闲娱乐理念融入武术体育教学中，保证参与武术教学的学生能切身体会到武术的娱乐价值与作用，使学生学习武术的主观能动性有所增强，引导学生将更多课余时间花费在武术健身锻炼中，而非打游戏或者吃喝玩乐。

②立足于不同层面开展武术教育

第一，组织和开展学校武术课堂教学的教师应把学生的追求新奇和刺激的心理充分调动起来，激励学生大胆尝试不同武术项目，特别是拥有浓郁民族色彩的武术项目，在教学实践中适度降低武术动作规范程度方面的要求，从而确保学生可以在满足自身娱乐需求的过程中逐步形成参与中国武术的积极性。

第二，最大限度地提高课外活动时间的利用效率，大力组建武术俱乐部，积极开展课外武术活动。教师选定武术项目之前务必要全方位掌握学生的喜好，和学生展开多方面的交流和沟通，耐心倾听学生的心声和想法，为学生拥有选择武术项目时的发言权与决定权提供保障。

第三，在科学开展武术比赛活动的过程中推动武术教学开展进程，开展

班级之间和年级之间等多种形式的武术比赛活动均可。比赛内容可以是教学内容，也可以对教学内容加以延伸。

（2）积极组建和完善社会武术娱乐教育服务网络

在社会发展节奏持续加快的社会背景下，人们要想适应社会发展需求就必须坚持学习新知识。针对广大群众开展的武术娱乐教育本质上属于面向社会提供的服务。具体来说，要合理构建和积极优化面向大众武术教育的服务网络，就必须深入挖掘和发挥社区体育俱乐部以及健身俱乐部的作用。

①深入挖掘和发挥健身俱乐部

绝大多数健身俱乐部都是盈利性质的，可以在普及和推广武术教育方面发挥显著作用。就现阶段来看，包括跆拳道、散打、搏击在内的多项格斗项目的练习场馆几乎遍布我国各大城市，但武术健身场馆的总数量却很少，设立武术套路学习项目的综合性健身俱乐部更是趋势可数。针对当前的现状，相关部门和人员应大力支持和督促健身俱乐部自觉增加武术教育的普及力度和推广力度，最大限度地调动健身俱乐部成员认识和参与武术锻炼活动的积极性，切身体会到中国武术的独特魅力，最终达到促使武术成为人们终身体育组成部分的目的。

②社区体育俱乐部

在普及武术教育的过程中，一定要深刻认识并充分发挥社会体育俱乐部的作用。社会体育于20世纪80年代末在我国兴起，自其兴起之后大众体育充分融入其中，同时“以人为本”的理念也逐步融入社会体育中。就中国武术而言，在其向休闲娱乐型持续转变的过程中，加大武术教育活动的开展力度同样是一项必须认真完成的工作。

恰恰是因为社区体育俱乐部能使人们的娱乐需求得到充分满足，所以才能对人们产生强有力的吸引力，所以说普及社区体育俱乐部同样是加快武术教育开展进程、革新进程以及发展进程的一条可行性途径。

3.利用媒体对武术教育价值进行宣传与推广

在新形势下，信息科技快速发展，信息在广大群众参与不同形式的社会

活动过程中产生的导向作用越来越显著，其支持作用和引导作用也渗透在人们参与武术活动的过程中。由于媒体是传递信息的关键性载体，因而在传播和推广武术教育价值的过程中要最大限度地发挥媒体的作用，具体要求如下。

（1）通过图片和视频宣传中国武术

对于人类而言，获取外界信息的主要途径就是通过眼睛观察，所以利用图片和视频来宣传中国武术有很大的可行性。通常情况下，建议相关部门和相关人士拍摄中国武术的宣传片，将武术内容的全面性特征、丰富性特征、娱乐性特征充分彰显出来，从根本上促进了解中国武术的实际人数的增加，促使广大群众切身感受到中国武术的多元化价值，并自觉成为中国武术的参与者和推广者。

（2）多举办武术赛事并加强推广力度

武术比赛集很强的视觉冲击力和显著的观赏性特征于一身，一方面能使广大群众的娱乐文化生活更加多样，另一方面能充分彰显爱国主义精神。武术在我国拥有源远流长的发展历史和稳固的群众基础，在我国积极开展不同形式、不同规模的武术赛事能使人们形成共鸣和认同感，从而形成良好的社会反响，最终达到高效宣传武术教育价值的作用。

（3）举办武术节目

发展至今，媒体推广和报道产生的作用已经不容小觑，集较强传播能力和广泛普及范围的电视媒体已经演变成广大群众获取信息的重要途径。作为中国武术的表演者和运动员，应当积极参与电视节目，增进观众对中国武术价值的认识和理解，由此扩大中国武术在群众中的影响力。包括由中央电视台体育频道策划和播出的《武林大会》在内的多个节目都使得武术文化得到了大范围传播，并且达到了集娱乐性和艺术性于一体的要求。对于观看武术节目的观众来说，不但能获得精神层面的享受和快乐，而且能切身体会到中国武术蕴含的文化魅力和娱乐功能。

需要补充的是，各大电视台应当积极举办青少年群体的武术节目，在全

面掌握青少年群体身心发展特征的基础上选择并确定节目的内容与形式。例如，针对青少年群体的武术节目可以选用动画片的形式播出，简单而明了地介绍中国武术大师和相关的武术知识，使学生在轻松愉快的氛围中认识到武术的独特价值，激发青少年群体认识和参与武术的积极主动性。

4.培养武术人力资源

人力资源对任何行业的发展都有很大影响，原因在于人力资源作用的充分发挥是所有行业具体工作顺利开展的基础性条件。具体到中国武术，同样要高度重视培养和管理人力资源的重要性，这两项工作的开展和落实情况直接关系到传承和发扬中国武术的实际效果，所以说要科学培养综合发展的武术人才，并在科学培养的基础上积极配置。培养武术人力资源应从以下两个方面做起。

（1）培养武术娱乐专业人才

培养专业武术人才必须促使教育部门和体育部门相互协调、大力支持，整个培养过程主要包括普通高等教育、职业技术教育以及成人教育三个方面。因为武术的发展面很宽泛且包含多重内容，所以在培养武术娱乐专业人才时不仅要培养专业技能，也要保证武术专业的学生准确把握武术的表现艺术和娱乐性，还要从根本上增强他们的管理能力。武术专业的毕业常见就业方向分别是体育协会、社区体育俱乐部和武术相关产业。高校武术专业致力于为社会培养出武术教师和武术指导员等和武术存在关联的专业性人才，要保证武术课程渗透着娱乐服务理念，引导学生及时掌握世界范围内最新且深受人们欢迎的武术娱乐项目，同时安排和指导学生调查且分析流行的具体原因，学习和借鉴这些项目的成功经验，为日后投身社会参与工作奠定基础。

（2）构建和优化志愿者体系

志愿者网络能对大众健身发展进程产生强有力的吸引力，但我国的现实状况是在计划经济的长期影响下，大众体育发展过程中严重依赖政府，自发参与锻炼的居民较少，进而导致我国志愿者体系的完善进程十分缓慢。要想实现中国武术的娱乐价值，就务必最大限度地发挥志愿者资源的作用，一方

面他们有助于广大百姓切身体会到中国武术文化中蕴含的娱乐功能，另一方面他们在社会主义精神文明建设过程中发挥着独特作用。

构建和优化志愿者体系的要点是：首先，政府要将自身调控作用发挥至最大化，对社会各界的志愿者采取宏观调控策略；其次，在社区设立娱乐志愿者委员会，聘请武术专家充当委员会组成成员，激励武术专家针对社区武术活动提出娱乐指导的具体建议；最后，学校采取多元化措施高质量完成学生志愿者的招募工作和培训工作，设法使社会各界的公益体育娱乐部门为广大百姓的娱乐生活提供更加优质的服务。

二、中国武术的娱乐价值

（一）中国武术的娱乐价值解析

1.武术娱乐功能与竞技观赏的关系

中国武术具备的娱乐功能和武术具有的体育属性有着密不可分的关系。就体育来说，其本质功能是使人快乐，使人们通过运动的形式提高自身身体健康水平和心理健康水平，其根本性任务是在体育本质功能的基础上为广大群众的幸福生活而服务。对于所有类型的体育活动来说，一方面要使从事者拥有健康体魄、浓厚兴趣、充实的精神世界，另一方面观赏者获得美的享受以及深刻的感染和激发。如果体育活动达不到这两项要求，就无法拥有稳固的群众基础和持久的生命力。具体到中国武术，其娱乐功能是其保存和发展至今的关键性原因，使其能在很大程度上满足广大群众的文化生活需求，二人演练、多人合练、一人单独的成套武术动作的表演均能把武术动作的惊险刺激和武术表演者的精神风貌表现得淋漓尽致，也能对观看者心灵产生很大的震撼力。对于当今的武术运动来说，应当和民俗节气结合在一起，尽全力演变成传统民俗活动的组成部分，促使不同领域、不同年龄、不同性别的人都对武术运动产生浓厚的兴趣。

2.安全是武术娱乐的前提条件

安全是武术娱乐价值的关键性条件，武术娱乐化发展的一项显著特征就是武术动作技艺的安全性越高则娱乐价值越突出，武术运动只需使动作技击的内容达到安全化要求和竞技化，就会形成娱乐的效果。发展初期的手搏不但是军事训练的一个重要科目，而且是广大百姓强身健体和保护自身的一个项目，其基本技术成分分别是“摔”和“打”。在此之后的“角力”和“角抵”则逐步发展成以“摔”为主要运动形式。发展至宋代，“相扑”作为一种崭新的格斗方式应运而生，这种格斗方式中已经找不到打的内容，而侧重于彰显娱乐功能。随着发展进程的推进，摔跤逐步发展成为竞技运动项目中的一种，并被正式纳入奥运会比赛项目，从武术中逐步独立出来。和手搏相比，武舞表演的对抗特征和危险系数可以忽略不计，由此可见，中国武术在先秦之前就已经具备娱乐价值。

3.政治经济对武术娱乐的影响

纵观中国武术的发展历程会发现，政治因素和经济因素对其娱乐化发展的影响很显著。在春秋战国时期，铸剑技术持续提高为舞剑技术和击剑技术的可持续发展注入了巨大推动力，这个时期的人们对击剑表现出了浓厚的兴趣。春秋战国时期以后，“稍增讲武之礼，以为戏乐，用相夸视，而秦更名角抵”。发展至汉代，社会整体上处于稳定状态，经济呈现出了蓬勃的发展趋势，角抵戏之类的娱乐活动的整体规模持续扩大。发展自唐宋时期，我国经济在很长时间内都呈现出繁荣发展的态势，中国武术的娱乐属性呈现出日益显著的发展走向。到了元明清时期，在民族矛盾逐步尖锐的社会背景下，统治者对不同形式的民间武术活动发出禁令，武术运动的娱乐属性逐渐消失。当民族矛盾发展至一定程度后，相应的战争就会爆发，中国武术在这种社会背景下向军事运动和保家卫国的方向发展，其娱乐价值自然会被慢慢削弱。从某种程度上说，中国武术的娱乐属性和马斯洛提出的需要层次理论十分吻合。

4.武术娱乐与社会尚武风气发展的非同步性

我国是一个多民族国家，综合分析各朝各代的兴衰史会发现重视武术的民族往往会逐步壮大起来，不重视武术的民族则会慢慢走向灭亡。具体到武术娱乐，能对其发展状况和民间习武风气产生直接性影响的因素是统治阶级有无尚武。以宋朝为例，宋朝的一项显著特征就是重文轻武，宋朝统治者在很长时间内都采取“崇文抑武”政策，宋朝对外采取的妥协政策和忍让政策恰恰是北宋王朝走向灭亡的一个重要原因。在统治者长期压制“尚武精神”的社会背景下，整个民族的阳刚之气明显不足，尽管宋仁宗时期相继出现了多个良将，但都未得到善终，最终爆发了宋钦宗时期的“靖康之难”。但纵观中国武术的整个发展历程不难发现，宋朝时期是中国武术发展的一个重要时期，具体反映为习武人数众多、不同种类的民间武术组织应运而生、中国武术的娱乐价值尤为显著。因为宋代统治者长期采取“崇文抑武”的对内政策和投降妥协的对外政策，所以呈现出了国力逐步衰微的发展趋势，多个少数民族都曾经冒犯过宋朝，这也使得两宋时期民间习武自保的风气和武术娱乐的社会风气逐渐形成。

（二）传统武术娱乐价值的表现

从整体来说，中国武术娱乐价值着重反映为自娱和他娱，自娱性是指参与武术运动的个体的精神需求会逐步得到满足，并在此基础上反映出一种娱乐的心态，他娱性是指观赏武术表演或者武术赛事的人，会在观赏过程中流露出很多种情绪，情绪上的波动和起伏会使他们的精神获得满足。

无论是中国武术运动的自娱，还是中国武术运动的他娱，人们心理层面和精神层面的需求以及对武术价值的肯定都是武术娱乐价值得以形成的基础性条件。武术娱乐性不单单指人们对武术动作形式产生的美的感受，也指人们内心对武术技击性产生的向往之情，这种向往之情集中反映在二人间徒手对抗或器械性对抗中。作为武术对抗项目表演的表演者或者武术对抗项目比赛的运动员，会将武术的多元化特征呈现到观看者眼前，以此将观看者的内

心本能唤醒，对观看者的思想产生强有力的刺激，最大限度地满足观看者的精神需求。

在中国武术的对抗性搏击竞技中，会把人类的力量美、速度美、柔韧美、协调美、灵巧美活灵活现地呈现给人们，使人们置身在竞争对抗的环境中且深入体会和享受美，获得充足的愉悦感与兴奋感。

中国武术不仅对习练者手、眼、身、法、步等动作移动的规范性提出了极高的要求，还对习练者内部的精、神、气与力、功提出了有机统一的要求，也对习练者的思维与意念提出了相关要求，作为武术习练者必须学会通过演练外部动作彰显出自身风格、自身节奏以及自身精神世界的东西。中国武术对习练者提出的三方面要求使得这项运动形神兼备的运动特色和审美特征逐步产生，由此能更好地满足观看者和练习者精神方面的需求。

中国武术中的很多动作融合了自然的灵感，很多动作通过模仿自然界景观、自然界现象、自然界动物姿态乃至大自然的万事万物，来彰显中国武术的含蓄美和内在美。与此同时，中国武术内在精神美会通过艺术表现集中反映出来，其着重反映在表演套路和套路对练中，表演套路着重反映武术的功力和技巧，套路对练侧重于对实战练习的模仿。套路表演和实战对练是武术内在精神的集中体现，其中不包含暴力的内容，占较大比例的是艺术中国武术，凭借多元化内容和别具特色的风格深受广大群众的喜爱。同时中国武术的受众群体并未在年龄、性别、阶层三个方面划分界限，拥有稳固的群众基础。与此同时，中国武术在时间、地点、场地三个方面的要求很低，大大降低了广大群众参与武术锻炼的难度，武术锻炼集简便性和经济性于一身。中国武术的多重优势，正在推动其逐步演变成广大群众健身和娱乐的一种方式。

第三节　传统武术的经济和社会价值

一、中国武术的经济价值

（一）武术经济的类型

中国武术拥有文化属性，而任何文化都能被视为一种产品。中国武术的竞技功能恰恰源自中国武术的价值认同，在第三产业的范畴中；依赖于武术文化相关的武术用品市场则在文化产业的范畴中。深入分析会发现，文化产业同样属于第三产业，是在生产文化产品与提供文化服务的基础上满足社会多元化需求的各类行业门类的统一名称，不管是旨在满足社会精神需求的文化产业活动，还是旨在满足社会物质生产需求和社会物质生活领域需求的文化产业活动。

在世界各国朝着工业化方向发展和现代化方向发展的过程中，文化产业发展状况成为经济社会发展水平的重要标志之一，成为在世界范围呈现出蓬勃发展态势的新型产业，是人类社会不可或缺的产业，更是能有效支撑国民经济的支柱产业以及综合实力持续增长的朝阳产业。

从改革开放开始，我国广大国民用在文化方面、教育方面、精神生活方面的支出持续增加，文化消费方面呈现出了多元化特征和人们按照个人意愿自主选择的特征。就现阶段来说，文化产业发展已经演变成一种新型经济增长方式，在全面建设小康社会和我国融入经济全球化发展两个方面发挥着重要作用；同时发展文化产业也能推动我国文化软实力的增强、中华民族精神的继承和弘扬、国际影响力和综合国力的持续强化。

中国武术属于文化产业发展的一项重要元素，同时具备文化产业的共性，具体反映在以下几个层面。

1.武术文化产品价值形态

武术文化产业生产的文化产品蕴含显著的精神属性，集使用价值和价值于一体。武术文化产品的使用价值包含两种形态，一种是指图书和工艺制品在内的具备物质的外表，另一种是生产过程就是人们消费的过程，后者不存在物质形态，具体是指武术表演和武术电影等。对于武术文化产业创造出的文化产品来说，其蕴含的使用价值是借助精神属性或者精神要素两条途径来满足消费者多元化需求的。中国武术文化作用力集中反映为：消费者在接受与消费武术无形文化思想和文化形象内涵的过程中，越来越深刻地感悟到中国武术文化的别具一格的特色，心理方面和思维方面均受到中国武术的作用，在精神层面体会到强烈的满足感和愉悦感。

2.武术文化产业和意识形态的统一性

文化具备意识形态属性，而这种意识形态属性在上层建筑的范畴内。在保证武术文化和经济有机结合的基础上，武术文化产业才会应运而生，所以说武术文化产业和武术产品同样存在意识形态属性。鉴于此，武术文化产业的相关产品应当坚定不移地抵制武术文化中的负面内容，大力倡导积极向上、科学可行的精神理念，始终和时代精神处于充分融合的状态。

3.武术文化产业与市场的紧密相连性

武术文化产业以及与其相关的附属产品都旨在为广大群众提供更加优质的服务，当下广大群众精神层面和文化层面的需求持续高涨的现实状况，无疑要求文化产业发展得更好。在市场经济条件下，武术运动同样是组成社会中不同类型活动的一项内容，武术运动发展走向和发展现状与市场经济运行状况存在着十分紧密的联系。人们在对武术文化持认同态度的基础上，表现在武术各种物质和非物质方面的需求是武术经济的基础性条件。由此可见，武术经济是建立在武术多重价值和当代人对武术持认可态度的双重基础上

的，这两个方面都缺一不可。在大力开发武术经济功能的过程中，武术经济的核心会在需求导向持续转化的过程中发生相应变化。

（二）武术经济功能的特点

1.多样性

因为武术运动功能具备显著的多样性特征，所以使得武术经济功能同样蕴含着多样性特征，具体反映在三个方面：第一，武术的经济功能对个人、族群、民族三个层次均存在或多或少地经济价值；第二，武术文化形态上的多样性特征使得武术经济的消费有层次之分；第三，各个区域在认同武术时产生的不同，使武术消费在不同地区之间、城市和农村之间有或多或少的不同。

2.潜在性

和物质需求相比，文化需求并不存在需求饱和现象，同时基于我国经济快速发展的现实状况，我国广大群众在文化层面的需求呈现出了多样化的发展趋势，这也使得中国武术的经济发展前景良好。武术文化市场需要被积极而正确的引导，但重中之重是要促使消费者对武术价值形成认同感和深刻理解。

3.外向性

“民族的也就是世界的”适用于各个国家的万事万物。追溯到两百多年前，西方国家正在大力实施工业革命，而中国正在由传统农业社会转变成工业化社会。在广大百姓生产生活方式发生巨大变化的社会背景下，中国武术长期赖以生存和发展的农耕社会基础受到了前所未有的破坏，将注意力集中于武术发展上的人持续减少。至今，我国依旧把发展重心置于经济发展上，中国武术的发展速度比较缓慢，甚至有些时候处在停滞状态，但中国武术在世界其他国家却呈现出较好的发展势头，很多国际友人都对中国武术产生了强烈的认同感和兴趣；在国内武术运动朝着体育化方向和竞技化方向发展的过程中，其他国家的武术爱好者正在积极探寻中国武术的本质与本源。因此，从某种程度上来说，置身于经济全球化背景下的任何文化产生断裂现象都实属正常，很多漂洋过海的武术形式逐步扮演起今后武术运动得以保留和持续发展的火种。

4.综合性

因为武术具备多元化功能，所以广大群众在武术方面的需求也表现出综合性特征，人们的综合需求极易造成消费目标模糊不清、消费者消费武术用品时出现纷繁复杂的情况。

（三）武术市场的开发路径

在市场经济的大环境中，武术运动必须和市场规律相吻合。中国武术不仅要大力拓宽市场，逐步借助创新的力量推动市场发展进程，由此实现武术创新的良性循环，同时武术界的相关人士应当认真研究和夯实武术文化基础理论，最大限度地发挥媒体的宣传作用和造势作用，采取科学可行的方式方法对广大群众在武术文化方面的消费需求产生引导作用。

武术和散打都是众多运动竞技项目的组成部分，集观赏价值、实用性特征、民族性特征于一身，所以两者的商业开发价值和商业开发潜力都很大。就散打来说，当前需要完成的首要任务是充分利用现阶段举国体育体制的优势，为其市场化进程注入推动力。具备经济发展后盾后，意味着举办散打赛事就拥有了后盾与保障，散打运动发展拥有自我造血功能的品牌体育赛事就不再那么艰难。

武术套路运动集多样化的内容、形式、特色于一身，拥有很高的艺术美学价值，动作套路要比散打复杂很多，所以武术套路运动的市场开发自然和其他运动项目存在或多或少的差异。要想最大限度地发挥武术套路运动的艺术价值，就务必要将这些套路运动和多种舞台艺术形式充分结合在一起，借助美轮美奂的舞台艺术表演将中国武术的发展历程和文化底蕴充分彰显出来，将中国武术的人文精神呈现给广大群众。

二、中国武术的社会价值

（一）古代武术的社会交往功能

中国武术大力提倡言传身教的特征，使得武术学习过程离不开长时间处于稳定状态的环境，如古代武术拜师收徒恰恰就是宗法制度的进一步延伸。“一日为师，终身为父”的理念将家庭中的伦理纲常渗透到中国武术的传承过程中，在世代习武者传承中国武术的过程中发挥了显著作用。与此同时，武术伦理对师徒之间的权利和义务提出了很高要求，各个武术流派的门规戒律就是其集中体现。除此之外，因为历朝历代统治者都严禁民间传习武术，所以古代民间的武术传习活动往往采取家族的方式、社团的方式乃至秘密结社的方式组织和开展。

农耕文明占据主导地位的生产方式对中国武术传承的社会环境有决定性作用。从某种程度来说，历朝历代定居农业的生活方式大大缩小了古人的活动范围，但也使古人拜师学艺的时间比较充足。以师徒、师兄弟、徒子徒孙为中心逐步形成的以武术为媒介的社团，在很大程度上加快了武术技艺交流速度和社会交往的发展速度。

（二）当今社会武术的社交功能

从根本上说，武术传播过程是一种具备群众性特征的社会活动，能使人们在接受特定道德规范的约束下开拓交际渠道、形成稳固的友谊。武术传播过程能在某种程度上消除不同民族人民因各方面因素的差异产生的分歧和隔阂，为各民族人民密切交流和有效沟通创造良好的社会环境。就现阶段而言，科学组织和开展武术活动能增进各民族的交流和沟通，增进各民族地区在经济与文化两个方面的交流和沟通。人们可以在文化交流过程中切磋武术技艺，在文化和思想等方面产生交汇。

中国武术作为传统文化的重要组成部分，在世界各国人民的文化交流过程中同样发挥着举足轻重的作用。就改革开放初期来说，武术作为我国国粹吸引很多国际友人漂洋过海来学习和研究，同时武术充当着我国对外开放的窗口，在我国与其他国家的交流和沟通过程中发挥着桥梁性作用。另外电影艺术在武术文化传播过程中发挥了不容忽视的作用，很多国际友人都是通过我国诸多功夫明星参演的武术影视作品首次了解到中国武术。

（三）社会变革对武术传播的影响

就春秋战国到19世纪40年代的中国来说，我国在这个历史时期内是自给自足的封建领主制自然经济占据统治地位，中国武术也正是在这种社会背景下逐步发展起来的。鸦片战争结束以后，中国社会进入从农业社会向工业社会转变的过程中，百姓的生产生活方式发生了翻天覆地的变化，在社会成员开始大范围流动的情况下，百姓从聚族而居的生活方式朝着以地域和财产关系为基础的城邦社会转变。此外，社会竞争日渐激烈，人们开始把注意力集中到经济生活生产中，文化生活的受重视程度很低。

百姓生活方式上的变化对中国武术传承产生了很大的破坏力，中国武术传习受到多方面的影响。但不容置疑的是，现代体育是西方文明的产物，和竞争文化相对符合，所以中国武术大众传播过程中应当自觉完成体育化改造的相关工作，才能更好地适应当今社会体育发展的要求，但适应过程中必然会牺牲某些武术文化，武术文化的传承也将无法保持完整。

在物质生产高度发展的过程中，一定会逐步提高对民族文化精神产品的要求，从而给中国武术的传承和发展带来很大的发展空间。因为传习武术的显著特征是言传身教，所以国家有关部门应当就中国武术采取切实可行的文化保护措施和文化拯救措施，避免武术大家离世带来的文化损失，预防找不到中国武术正宗源头的情况发生。

第四章　大数据时代背景下的中国传统武术

当今随着云计算、物联网及移动互联网等技术的迅速发展，每年新增数据量呈现爆炸式增长态势。据统计，平均每秒都有200万用户在使用谷歌搜索，Facebook用户每天共享的信息超过40亿条，Twitter每天处理的推特数量超过3.4亿条，等等。除此之外，在科学计算、医疗卫生、金融、零售业等各个行业，每天都有大量数据源源不断地产生，越来越多的人开始意识到我们已经进入大数据时代。

大数据并不仅仅是指“大量的数据”。在学术界，它代表了一种新的科学研究方法，图灵奖获得者吉姆·格雷（Jim Gray）提出了科学研究的第四范式——数据探索（data exploration），即以大数据为基础的数据密集型科学研究。而在IT产业界，大数据技术已发展成为涵盖分布式存储与管理、分布式与并行计算框架以及机器学习与人工智能处理等技术的一个庞大技术体系。其应用遍及电子商务、交通、医疗、金融等领域，已成为继云计算之后信息技术领域的另一个产业增长点。正如云计算推动了计算资源与存储资源的汇集一样，大数据技术正在加速推动数据资源的汇集。通过对海量数据的聚合分析，人们可以提取、凝聚其中蕴含的信息与知识，从而创造巨大价值。目前，大数据与云计算、人工智能一起被公认为是从IT（信息技术）时代向DT（数据技术）时代跃迁的三大支柱产业。那么，在大数据时代背景下的中国传统武术面临着怎样的困境，且如何突破困境呢？本章将具体介绍。

第一节　了解大数据

一、大数据来源

根据维基百科的定义，大数据是指规模大且复杂，以至于很难用现有数据库管理工具或数据处理应用来处理的数据集。它涵盖了数据采集、存储、分析、使用等各个方面，包括预测分析、用户行为分析及其他先进的数据分析方法在内的，从大量数据中提取有价值信息的处理方法。根据来源对象的不同，可以将其分为源自人、机、物等几类的大数据。若根据应用领域划分，则以下几个是典型的大数据来源：

（一）互联网大数据

随着社交网络的成熟、传统互联网到移动互联网的转变以及移动宽带带宽的大幅提升，越来越多的网民将个人日常生活产生的数据接入网络，由此产生的数据量比以往任何时候都多。例如目前Google每月处理的数据超过400PB，YouTube每天上传7万小时视频，淘宝单日交易数据量超过50TB，Facebook每天上传3亿张照片并生成300TB日志，新浪每分钟发出数万条微博，等等。人们在使用互联网以及移动互联网过程中产生了大量数据，包括文字、图片、视频等信息。来自互联网的数据流量随着网民数量的增加以及移动设备的普及而急剧上升。

（二）物联网大数据

由于当前物联网技术的快速发展以及在智能工业、智能农业、智能交通、智能电网、安全监控等行业的广泛应用，各种类型的传感器被广泛部署。不同的传感器可以实现对温度、湿度、压强、加速度、光强、距离等不同物理信号的采集，时时刻刻都在产生大量数据。而交通、安防等领域所部署的摄像设备产生的数字信号被源源不断地采集、记录，也是大数据的重要来源之一。

（三）生物医学大数据

人体本身就是生物医学大数据的重要来源。随着人们认知的深入，现代医学可以从更高的精度观察、记录人体各器官的运行。生物医学大数据涉及临床医疗、公共卫生、医药研发等多个领域，类型非常广泛，包括电子病历、医学影像、临床实验数据、个人健康监测数据、基因组序列等。

此外，电信大数据、金融大数据、智慧城市大数据、交通大数据、科学研究大数据等也都是大数据的重要来源。

需要指出的是，虽然大数据来源越来越多样化，但其中有相当大的比例与人直接相关。有些是人们主动发布的，例如微博、照片等；有些是无意中被采集的，例如监控影像等；有些是网络活动痕迹；有些是原生数字信号；有些是由模拟化数据转化而成的数字信号；等等。不管怎样，这些原始的“微数据”(microdata)都是人们在现实世界活动的真实记录，一旦被关联组织起来就可以释放巨大潜力，真正实现“明察秋毫”。

二、大数据特征

全球数据发展进入大数据时代，呈现出海量化、多样性和快增长特征，总的来说，其具有下面三个特征：

（一）数据量大

随着互联网/移动互联网、数码设备、物联网/传感器等技术的发展，一个城市的产生的数据在高速增长。信息成为战略资产，市场竞争和政策管制要求越来越多，数据被长期保存。不管是政府，还是企业，也有越来越多的数据需要长期保存，以进行用户行为分析、市场研究，至于信息服务企业更是需要积累大量的信息资源。另外，信息处理技术的发展使得很多数据的价值能够被更好地挖掘和利用，其中包括了自然语言处理、语音识别、图像处理技术等。根据IDC研究报告，未来10年全球数据量将以40%多的速度增长，2020年全球数据量已经是2009年44倍，每1分钟，全世界有1820TB的新数据产生。而大数据量的常见处理方法是使用Hadoop技术。

（二）实时性要求高

比如，2011年3月日本大地震发生后仅9分钟，美国国家海洋和大气管理局（NOAA）就发布了详细的海啸预警。位于美国新泽西州的NOAA数据中心存储着超过20Pb（1024Tb）的数据，是美国政府最大的数据库之一。为了在更短的时间内分析出准确的海啸活动趋势，NOAA一直在努力提升其对大数据进行处理的能力，更高的实时性就意味着挽救更多的生命。

（三）非结构化数据逐渐成为主流

在互联网普及前，数据主要是由单独的应用系统进行采集和存储的，数据内容主要是结构化的内部数据，可以通过二维逻辑表格在数据库中进行存储。随着互联网、物联网和云计算的发展，数据来源开始广泛，可以来自社交网站、微博、电子邮件、门户网站、传感器装置等；数据类型变得多样，可以是文档、图片、视频、音频、日志、链接等，这些数据类型大多不方便用数据库二维逻辑表格来存储，属于非结构化数据。由IDC提出并被业界广泛认同的观点是，目前全球80%以上的数据是非结构化和半结构化的数据，且相比结构化数据，非结构化和半结构化数据数量正在以更快的速度增长。过去

10年间，在非结构化数据占比加大的同时，业界对非结构化数据的重视极度上升，超越结构化数据。涉及的关键技术有：

·自然语言理解，文本分词、语义分析，情感分析，大规模计算技术。

·非结构化数据索引技术，如：搜索引擎倒排索引技术。

·多媒体处理，包括图像识别、语音识别，多媒体索引等技术。

·非结构化数据管理平台，如：云平台。

三、大数据应用

大数据被比喻为待开采的“金矿”，其用途是多样化的。目前大数据技术已经被广泛应用于电子商务、金融、智能医疗、智能交通等领域，各种新型应用模式层出不穷。例如：

在互联网大数据分析方面。电子商务平台通过对用户网络购物数据的分析来构建用户画像，可以更准确地掌握用户购物倾向，向其推荐可能感兴趣的产品，实现精准营销；而社交网络信息，如Twitter等，被广泛用于股票预测、比赛结果预测、餐馆热度分析甚至总统选举预测等，也被研究者用于识别社团，发现用户的政治倾向、消费习惯以及喜好的球队等。

在交通大数据分析方面。交通管理部门可以对数据按时间切片分析，构建实时热点分布图，进行景区热力预警分析；还可以基于历史数据分析，对交通拥堵状况进行建模预测，合理规划共享出行资源分布；而商业机构还可以进一步通过对用户习惯的不断学习，为用户提供个性化的导航及绕行建议服务等。

在医疗健康大数据分析方面。通过对大量电子病历的学习，医学研究机构可以更清晰地发现疾病演变规律，并作出更科学、准确的诊断；而卫生管理部门可以通过疾病分布情况分析，更合理地分配医疗资源，通过将影像学、基因组学等不同模式的数据加以集成，可以获得对病变单元更为立体全面的认知；此外，通过对病人健康数据的持续观察，还可以为其提供更为个性化的医疗服务。

四、大数据技术框架

大数据技术涉及数据的采集与预处理、数据分析与解释、数据传输与虚拟集群等。

（一）数据采集与预处理

数据采集与预处理(data acquisition & preparation)是大数据应用的基础。首先需要从数据源采集数据并进行预处理操作。大数据的数据源种类繁多，数据类型多样，包括数据库、文本、图片、视频、网页等各类结构化、非结构化及半结构化数据。数据采集与预处理操作为后继流程提供统一的高质量的数据集。

通常还需进行数据清洗处理。由于大数据的来源不一，可能存在多种描述模式，不同描述之间甚至存在互相矛盾的情况。因此，在数据集成过程中对数据进行清洗，以消除相似、重复或不一致数据是非常必要的。相关文献中针对大数据的特点，提出了非结构化或半结构化数据的清洗以及超大规模数据的集成技术。

数据存储与大数据应用密切相关。某些实时性要求较高的应用，如状态监控，更适合采用流处理模式，直接在清洗和集成后的数据源上进行分析。而大多数其他应用则需要存储数据，以支持后继更深入的数据分析流程。为了提高数据吞吐量，降低存储成本，通常采用分布式架构来存储大数据。这方面有代表性的研究包括文件系统GFS、HDFS、Haystack等以及NoSQL数据库MongoDB、CouchDB、HBase、Redis、Neo4j等。

（二）数据分析

数据分析(data analytics)是大数据应用的核心流程。根据不同的分析层次大致可分为计算架构、查询与索引以及数据分析与处理这三类。

在计算架构方面，MapReduce是当前广泛应用的大数据集计算模型和框架。为了适应一些对任务完成时间要求较高的分析需求，有文献对其性能进行了优化；也有文献提出了一种基于MapReduce架构的数据流分析解决方案MARISSA，使其能够支持实时分析任务；还有文献提出了基于时间的大数据分析方案Mastiff；也针对广告推送等实时性要求较高的应用，提出了基于MapReduce的TiMR框架来进行实时流处理。

在查询与索引方面，由于大数据中包含了大量的非结构化或半结构化数据，传统关系型数据库的查询和索引技术受到限制，而NoSQL类数据库技术得到更多关注。例如，有文献中提出了一个混合的数据访问架构HyDB以及一种并发数据查询及优化方法，在文献中对key-value(键-值)类型数据库的查询进行了性能优化。

在数据分析与处理方面，主要涉及的技术包括语义分析与数据挖掘等。由于大数据环境下数据呈现多样化特点，所以对数据进行语义分析时，由于难以统一术语而影响对信息的挖掘。有文献针对大数据环境提出了一种解决术语变异问题的高效术语标准化方法，对语义分析中语义本体的异质性进行了研究。传统数据挖掘技术主要针对结构化数据，因此迫切需要对非结构化或半结构化的数据挖掘技术进行研究。相关文献中提出了一种针对图片文件的挖掘技术，提出了一种大规模TEXT文件的检索和挖掘技术。

（三）数据解释

数据解释(data interpretation)旨在更好地支持用户对数据分析结果的使用，涉及的主要技术有可视化技术和人机交互技术。

目前已经有了一些针对大规模数据的可视化研究，通过数据投影、维度降解或显示墙等方法来解决大规模数据的显示问题。由于人类的视觉敏感度限制了更大屏幕显示的有效性，以人为中心的人机交互设计也将是解决大数据分析结果展示的一种重要技术。

（四）数据传输、虚拟集群等其他支撑技术

虽然大数据应用强调以数据为中心，将计算推送到数据上执行，但是在整个处理过程中，数据传输（data transmission）仍然是必不可少的，例如一些科学观测数据是从观测点向数据中心的传输等。有文献针对大数据特征研究了高效传输架构和协议。

此外，由于虚拟集群（virtual cluster）具有成本低、搭建灵活、便于管理等优点，在大数据分析时可以选择更加方便的虚拟集群来完成各项处理任务，因此，需要针对大数据应用展开虚拟机集群优化研究。

第二节　大数据时代中国传统武术“走出去”的现实困境

一、国内外武术传播媒体双向对接乏力，凸显国内武术传播主体创新意识淡薄

长期以来，由于国内媒体向国外受众宣扬中国武术文化所采用的传播方式不易被西方主流媒体接受的客观现实尚未得到实质性改变。这一点诚如国家武馆中心工作人员和许多武术业内人士所认为的“加强武术国际推广的工作虽已提及多年，但进展却并不明显。尤其是如何让中国武术更简单易行地在全世界推广，一直是困扰中国武术界的主要问题”，这一现状导致了较长时间内中国武术“走出去”的步伐相当缓慢、沉重且乏力。也正是基于中国

武术国际化传播所遭遇的此种境遇，凸显出国内推动中国武术不断走向世界的传播主体的创新意识是何等淡薄。

创新既是这个时代赋予中国武术传播主体推动中国武术深度国际化发展的新使命，又是对相当长时期内中国武术传播主体故步自封、墨守成规的再认识。而此种武术国际化方略的再认识过程，也是武术国际传播主体的创新意识有序增强的实践过程。基于创新意识是“根据客观需要产生的强烈的不安于现状的精益求精的意识，是一种对任何位置的问题、未知的领域所具有的尝试冲动，是一种求索进取、探寻新知识的内在渴求和需要，是推动创造者进行创造活动的动力，是促进人们积极寻求新奇事物的一种心理倾向”的客观理论认知。要打破较长时间内中国武术国际传播所采用的传播方式不易被西方主流媒体接受的尴尬局面，就要面对和解决“尽管多年来武术在全球的推广速度大大提高地区性和全球性武术比赛也越来越多，慕名来华学习武术的外国人越来越多，但各种武术比赛的参赛人数、观众人数和电视转播率实在令人汗颜”的客观现实。与国内跆拳道、空手道和柔道等道馆开办的数量、练习人数的增长速度相比，武术馆几乎成了门可罗雀的“文化展览馆”，此种鲜明反差，不仅映衬出中国武术生存空间的极度狭小，而且也折射出部分中国武术项目逐步消亡的深层次原因，即一味地强调传承，但又不知该如何传承；强调创新，但又不知该如何创新。

因此，基于此种武术发展症结，在互联网技术飞速发展的当下有序推进中国武术实现全方位国际化传播进程中，在整合电视、武术网站等常态性媒体资源时，要务必促使中国武术稳步快速“走出去”的技术和方法创新，最大限度地发挥微信、微博、抖音等公众平台受众基数大、传播精准、辐射面广等优势，推动多元化传播方式的融合，为国内外武术受众共同青睐的武术内容与形式成功融合移动互联网技术，并有序与国外主流媒体实施对接且产生广泛影响力和辐射力，提供新型传播方案。

二、武术哲学内涵和人文价值理念沟通缺失，致使域外媒体平台武术文化传播乏力

改革开放以来，在国家层面给予武术发展的政策支持下，武术科学研究的进程不断加快，武术拳种的发展脉络、传承谱系、理论基础和技术特征等文字资料都得到了不同程度的完善和提升，中国武术的整体理论研究水平呈现大幅度跃升，但也导致了武术运动繁荣发展背后的一系列严重问题。如影视作品把武术引向另一个方向，艺术化后的功夫受到了大力追捧；武术馆校遍布世界各地，拳棒成功推向了世界，武术文化内涵却相对被忽略了”。而此种偏颇发展倾向不仅仅体现在上述方面，还表现在没有从教资格的人员，为了满足自己的私欲在国外教授中国武术的混乱状况。“他们借助中国武术世界受宠的诱惑，在移居和留学之前仅在国内进修两三个月，就跑到国外打着某某传承人的旗号，招摇过市，严重地损害了中国武术的声誉”。这些严峻的现实问题显露出武术文化内涵和人文价值理念缺失，已经成为制约中国武术真正走出去的最大障碍。

因此，基于“中国武术有着极为丰富的哲学内涵，有极为高深的中国文化解读，有极为精深的中华文明诠释”的文化整体认知，为应对当下中国武术国际化传播所遭遇的武术哲学内涵和人文价值理念缺失困境，除了有效整合武术国际传播主体的多方交叉合力之外，还应积极促使以竞赛表演、技击动作和拳种介绍等为主的武术传播模式发生改变。以此为基础，在充分了解国外目标受众的宗教信仰、文化背景和受教育程度的前提下，域外武术传播主体根据目标受众的现实所需安排相应的武术文化内容，应充分“利用武术文化的优势传播性和维模原理，向武术文化处于弱势但经济发展成熟、受教育程度高的国家宣传推广武术文化，扩大其域外辐射力”。而此种辐射力，主要源于在五千多年文明发展中孕育的中华文化自信，而此种文化自信俨然已经成为当下中国武术深度国际化传播的突出优势。而中国武术的“全景式”走出去除了倚重此种突出优势之外，武术文

化传播者还应有效借助域外媒体平台和武术影视作品来弥补武术文化国际化传播所面临的困境。

因而，在世界各国受众汉语文化水平逐步提高、网络媒体知识有序普及和生活方式急剧变化的过程中，他们对中国武术信息接触的方式和习惯也呈现相应的变化。中国武术文化“走出去”的核心要义，应该是整合互联网、移动网、广播网资源，通过音频、图文、视频符号，发布海量武术文化信息，借助域外全媒体平台，在多元的武术文化传播过程中全方位展现中华文化的价值观，以此来扭转中国武术文化域外传播乏力的尴尬局面。

第三节　大数据时代中国传统武术文化传播路径创新

一、武术文化的传播媒介发展

（一）口传实体文化传播

师徒传承是我国武术文化传播中最常见的形式。在武术文化发展的过程中，其传播的形式逐渐由血亲与世袭及师徒传播转变成院校课堂武术的开设，从根本上突破了一对一口授媒介的传播限制，并且在长时间的实践过程中，实现了一对多的口授教育传播形式。伴随武术院校以及俱乐部等场所的开设，信息传播的经验传播特征也逐渐显露出来，师傅能够结合徒弟学习的具体情况，采取与其相适应的武术训练方法，尤其是跨文化国家武术文化传播的时候，口传媒介的实际效果最明显，同样在对外传播武术文化方面占据关键位置。

但是，仅仅依靠成立武术教育基地的方式传播我国武术文化，很容易受人力物力与资源等诸多因素的影响，在传播方面与内容方面都受到极大的约束。特别是语言与人文价值观等因素，直接制约了武术文化传播效果的增强。而且国内武术文化的门派以及拳种具有多样化的特征，若选择使用口传身授的方式必须保证瞬间记忆。即便是同一种拳术，在不同版本的拳谱当中也存在音同字不同亦或是音字相似的情况。所以，我国武术文化的传播将教育基地作为重要载体，并借助口传媒介的方式作为传播路径。这种传播的方式为武术文化发展带来了积极的影响，但针对纸质媒介与网络传播共存的背景，该传播路径的距离不远，而且传播的周期相对较长，速度也较为缓慢。

（二）纸质文化印刷传播

一般情况下，纸质印刷媒介对于文字传播功能印刷传媒的依赖性较强。在实践过程中，可以以文字的方式，突破时间与空间的约束，以实现长距离的传播信息，这种方式的稳定性以及准确性都相对较高。为此，武术文化传播领域的专家与学者可以通过对杂志与期刊等诸多主流媒体的途径，站在国家政治、文化与教育层面完成武术文化的传播与传递。与此同时，与武术相关的主管部门应积极成立武术杂志，在理论方面占据主导地位。而其他的学报和杂志中同样引入了武术文化传播的内容，实现了武术向文化传播层面的发展。在此期间，各种类型学报也发表了与武术文化相关的文献，因而印刷媒介也逐渐成为武术文化传播不可或缺的理论阵地，特别是在接受文化教育人群与知识分子人群中的传播规模较大且效果理想。需要注意的是，武术文化的受众同样扮演了传播角色。在此基础上，武术文化书籍同样为理论内容的传播提供了必要的保障，而且武学著作在武术文化理论传播方面的作用也不容小觑，有利于武术理论的成熟发展。而在武术书籍当中还包含了武侠文学，像是金庸等作者的武侠文学著作，同样促进了青少年对于武术的向往，拓展了武术文化受众的规模。由此可见，传统的纸质武术文化理论传播在武术文化本身可持续发展方面发挥了积极的作用，能够有效提升实际传播的广度，扮演着桥梁的角色。但仍需注意的是，书籍与杂志等多种纸质传媒方式很难始终满足所有受众需求，特别是在出版周期与发行范围方面受到一定的限制。

（三）视觉与听觉大众传播

近年来，广播、动漫与电视等大众传播媒介实现了信息传输和物质运输的有效区分，而且在我国武术文化传播的过程中，大众传播媒介的发展速度明显加快。其中，在民国时期，精武体育会借助电影这一现代化传播工具，摄制了与武术相关的影片，在武术文化传播方面发挥着积极作用。随后，电影《少林寺》也出现了荧屏之上，使人们对于武术文化有了深入地理解，在文化层面推进了武术文化在国内外的有效传播。在我国，首条互联网专线于1993年开通，为人民群众提供了较为方便的网上电子服务。1998年，《中华武术》杂志作为信息时代的典范，为武术文化在互联网领域的传播奠定了坚实的基础，将视频、图像音频以及文字等丰富的视听资源集中于一体，使得武术文化的传播深度与广度都得以拓展，丰富了武术文化的传播路径，逐渐转型成大众文化传播的形式。借助互联网以及多种媒介，使武术文化在世界范围内广泛传播，并且发展成为代表国家形象的标志，也是我国文化软实力的重要组成部分。

在我国武术文化传播方面，对电视、电影以及网络等多样化大众媒介予以充分利用，获取了可观的中国文化传播效益，实现了更多人对于武术文化的关注。而武术文化能够在宏观层面不断拓展武术文化的国内外传播路径。

（四）多元文化传播媒介运用

新时期背景下，武术只有占据文化市场的主流地位并获取媒体重视，才能够借助多样化的媒介实现武术文化的传播目标。其中，利用奥运会这一平台，征服了大量的观众，使得武术文化在世界领域内的广泛传播。在这种情况下，武术文化开始借助健身、表演与竞赛等不同形式，在口传、印刷以及大众传媒等方面，与多种营销策略相结合，充分彰显出武术文化自身的价值，以满足人们获取与消费的需求。也只有这样，才能够确保武术商业价值被挖掘，实现市场规模的不断拓展，实现武术文化的有效传播。

目前，多种类型的武术活动与竞赛在国内外举办，而且网络、广播与报刊等多种传播媒介在追求自身市场利益的基础上，将武术文化当做具有商业价值的重要载体，推进了商业化市场运作。在此过程中，武术文化同样对多元化媒介传播路径进行了利用，以期能够有效地深化武术文化的市场化发展。

二、大数据时代对武术文化传播路径的具体要求

（一）网络传播路径尚未满足国内外受众需求

通过对网络文化传播平台的运用，不仅集中了武术文化口传与印刷文字的功能，同样将视觉与听觉融入其中，形成大众传播媒介，使得武术文化传播受众视野更加开阔。但在实践过程中，虽然在人力物力与财力方面加大了投入的力度，但是借助大众传播媒介的传播效果并不理想。为此，必须要不断强化网站技术的含量，确保武术文化信息的多样化发展。与此同时，应当始终满足传播者和受众相互沟通交流的需求，进而构建点对点的传播途径。除此之外，在网络武术文化传播过程中，应适当地增加监管的力度，确保传播内容质量符合标准要求。

（二）借助武术文化微传播扩大受众群体

积极构建微传播平台，为武术文化提供必要的舆论导向。在武术传播态势改变的情况下，微博以及朋友圈的影响力也明显增强，积极构建舆论环境与氛围，才能够确保武术文化和传统文化的共鸣。而作为武术传播者，同样要合理运用网络微传播媒介，实现文化的传播与交流，以保证所有与武术文化相关的人群和教育都能够发挥传播的作用，以实现武术文化受众群体的拓展与扩充，借助微博与微信等相关微传播平台。

三、大数据时代下我国武术文化传播路径的创新路径

（一）和通信平台构建合作关系以实现武术文化微传播路径的拓宽

不断增强网络运营商与电信后台运行的能力，以保证武术文化微传播营销力度的有效增强，对诸多移动平台使用的权限予以有效拓宽。通过对微传播的合理运用，实现武术信息的有效传递，在网络监管力度加大的基础上，有效地规避背离中华传统文化的宣传情况出现，树立武术在世界文化中的形象，并形成世界文化开放思维。需要注意的是，微传播能够传递积极向上的精神引导力量，塑造更为理想的品德与文化格调，以免媒介文本中的消极内容对青少年文化品位的提升产生不利的影响。这样可在不背离公共话语权的基础上，将武术文化传播空间开放性以及民主性充分彰显出来。

在此基础上，应在网络市场运营方面投入更多的人力资源，在技术层面对不同类型的采访与编辑工具予以熟练地使用，借助微博、QQ以及微信等网络信息生产与分享等平台，有机融合传统媒介，能够通过零碎传播与微博传播力等，对不同的阶层、文化背景以及身份等受众存在的不同作出全面地分析与研究，结合国外的受众爱好、关注重点以及兴趣点等特征，选择其容易接受的语言表达方式与思维习惯，对外传播我国的武术文化。这样一来，文化环境不同的人们能够在武术文化交流的整个过程中，对文化差异所存在的心理认同障碍予以有效地克服，对微产品视觉传播给予必要的重视。通常来讲，对于跨越国界、民族以及语言等方面的沟通与交往，视觉化是最理想的传播方式。在世界范围内实现文化共享和交流，能够突破时间与空间的约束，在交往的过程中更加自由与开放，对微博原创性以及草根性的特性合理运用，在各部门、组织以及个人之间构建武术文化沟通交流的路径，迈入全新的互动交流阶段。

（二）和武术院校与培训机构构建合作关系以培养微传播武术文化人才

在培养武术文化微传播人才的过程中，必须要对武术院校教育的功能予

以充分利用，在较短的时间内开发培养的方案，并积极创建师资队伍，与人才的合理配备相互结合，创建武术文化传播媒介人才基地。与此同时，全面创新技术与产品，促进武术文化传播人才培训机构的全面可持续发展。作为武术文化主管部门，应当注重和武术培训机构的全面合作，并且在教材内容的开发以及教育内容选择方面给予更多的关注，发挥市场的潜力，推进武术人才的有效就业，为武术文化传播研究领域的发展提供必要的保障。在实践过程中，武术文化传播的难点就是如何保证微博、微电影以及微信等网络微传播平台应用的灵活性，提高培训的质量与效果。在武术文化网络微传播的过程中，一定要培养专业性的人才，在掌握网络信息技术的同时，还应当对网络用户运用武术信息的心理与行为规律进行准确把握。需要注意的是，任何新兴产业以及市场构建，都必须有教育主管部门提供必要的支持和协调。在武术文化创新传播的过程中，微传播媒体必须保证与教育部门实现有效地沟通，并且科学合理地制定人才培养的计划，全面维护武术网络新技术，推进专业人才培养工作的顺利开展。

（三）专业武术文化微传播机构的构建

自国家体委设立武术处以后，始终对武术业行使了管理职能，而我国的武术运动管理中心、武术协会常设办事机构与武术协会等办公地点都集中在一起。基于社会武术、竞技武术以及全民健身活动的贯彻与落实，进一步推动了武术文化的可持续发展，同时也作出具有一定历史性的贡献。然而，当前国内尚未成立专业化武术文化传播组织机构，所以在武术文化国际推广方面始终交由武术运动管理中心的推广培训部门负责。在实践过程中，推广培训部门的工作重点都放在武术竞赛与教练人员培养方面，在传播武术文化方面更多体现在科研活动方面，尚不具备专业电子平台规划部门。所以，国内武术文化传播组织机构始终缺失，缺少武术文化传播的必要平台，严重影响了传播规划与管理工作开展，不利于武术文化传播效果的强化，为此，必须积极采取有针对性的武术文化传播途径。

基于此，国家与政府部门，应当与武术管理机构有效合作，以既有机构人员为重要基础，创建武术文化传播机构，加强武术文化的传播力度。与此同时，借助微媒介传播的功能，在引导与管理的前提下，深入开发文化传播机构，并且在武术文化传播机构发展至特定阶段，在文化传播机构中分离出武术文化的微传播机构。这样一来，在武术文化微传播发展方面即可获取理想的成绩与效果。

（四）适当地增加政策引导与制度建设力度

大数据时代背景下，在我国武术文化传播的过程中，还要积极构建网络安全立法机制。并将文化传播的有序发展融入到国家政策与法律条文当中，对于危害国家文化安全的传播路径予以严厉打击，进而为武术文化的微传播环境提供强大的政策保障与法制保障。与此同时，将微媒体引入到武术文化传播领域当中，并融入客户终端，在顺应武术文化受众需求的基础上，适当地改善武术文化传播中存在的神秘感，构建更具多元化与可视化特征的创新性传播路径。在此基础上，还要针对计算机信息网络国际联网安全保护管理办法予以有效地修订，严厉打击低俗及负面的文化内容。在网络安全维护方面适当地增加资金的投入，并且提供必要的人力与财力支持，强化微时代背景下微传播媒介的监督与管理力度，为传统文化有序传播提供必要的保障，以实现武术文化微传播的跨越式发展。

在笔者看来，基于大数据时代背景，武术文化的传播也迎来全新传播媒介，即微媒介。传播媒介的每一次变革都能够为武术文化传播注入新鲜血液，实现武术文化传播受众的广度与深度的拓宽和加深，对传播路径予以全面创新。也正是在微时代背景下，传统武术文化被传播至各领域中，所有人都是其传播者与受益者。要想进一步推动武术文化传播路径的创新，就一定要科学合理地采用相关措施，实现传统武术文化的微传播。

第四节　中国传统武术互联网国际传播问题与解决对策

一、国际传播概念界定

1992年出版的《宣传舆论学大辞典》中对国际传播的概念定义为国家与国家之间的信息交流活动，尤其指以其他国家为对象的传播活动。可通过人际传播和大众传播的形式进行，但以大众传播为主。这个概念是一个广义上的概念，广义的国际传播比较全面地概括了国际信息传播的现象，虽然驾驭起来难度比较大，但设计的内容较为广泛，开放度大。通过以上论述我们可以界定“传统武术网络国际传播”的概念，即在政府的组织下，通过国际互联网这一现代化的信息传递方式，将我国特有的传统体育运动项目中的传统武术中所包含的价值观、态度和武术信息，向世界上其他国家的受众传播的过程。

二、传统武术向外传播中的问题

（一）与跆拳道、空手道、柔道相比，武术在世界上推广较慢

目前，在格斗类项目中武术、跆拳道、空手道和柔道是在世界各国比较受欢迎的体育运动项目，但武术在世界上的普及程度与其他三项相比，从成员国的数量上看还存在着一定的差距，其推广力度还有待提高。

跆拳道发展至今已经成为了世界上最普及的一项体育运动之一，国际跆拳道联盟作为不依赖任何政府的独立的民间组织，已经发展成有140多个

会员国的国际组织。空手道运动在世界范围的普及也十分广泛，已经有来自上百个国家的上千万空手道练习者。在世界范围的普及得到国际奥委会组织的认可，在五个申请进入奥运会的项目中，空手道已经排在申奥的第一位。这样，已经成为亚运会项目的空手道，也有了成为奥运会项目的希望。1951年，日本、英国、法国等12个国家发起成立了国际柔道联合会，至今也有上百个会员国，而国际武术联合会的国家和地区的会员协会则不到百个。但从世界武术锦标赛参加的国家和地区来看，亚洲运动员的人数居多，武术在亚欧国家开展较好，而在其他州开展的情况不容乐观。

跆拳道、空手道、柔道均是以东方武技成功传播的代表项目，其中跆拳道、柔道已经进入了奥运会，成为了奥运会比赛项目之一，空手道也在世界上取得了巨大发展。而中国的武术在世界上的传播明显滞后。不可否认的是，近年来中国官方和一些民间组织也积极进行了武术交流，但是其力度还有待提高，在借鉴其他三个运动项目成功传播经验的基础上，即国家支持、合理的推广策略、技术改造和大量资金的投入，我们的武术要在推广上下功夫，而如今的互联网则是最好的宣传工具。

（二）国外武术爱好者对传统武术的价值认识深但学到的少

有研究人员对传统武术的价值进行了调查，结果发现，只有少部分人明确表示出不太喜欢传统武术，众多被调查者对传统武术这项体育运动的存在价值是持肯定态度的。对于传统武术的多项价值功能，不同的人有不同的选择，按照国外练习者对传统武术的价值认可，排序是健身、学习中国文化、学习格斗技术、休闲娱乐、可观赏性、磨炼精神、表演、从事武术教学、扩大社会交往、参加比赛、从事影视工作。通过对传统武术价值功能选择顺序来看，在国外练习者中，传统武术中体现的健身功能、文化功能和格斗功能普遍受到欢迎。但对国外武术爱好者而言，在教学过程中存在语言交流的障碍，教师在课堂上很少讲每一个动作的养生价值和健身原理，原因是国内教师的外语能力比较差，对于一些专业的武术术语不知道怎么翻译，或者只会

讲一些简单的外语单词，特别是武术动作中的文化内涵，更需要每一位教师具有深厚的文化功底与娴熟的外语交流能力，如果这一点做不到，那么在无形中就会影响到上课质量与传播效果。

（三）国外教师的师资水平参差不齐

随着中国在世界上的地位不断提升，越来越多的外国人开始迷恋上中国功夫。有统计表明目前世界上练习中国功夫的人已经上亿。各种中国武术、气功和太极拳协会在国外也层出不穷。但一些练习者表示他们国家传授传统武术的场所很少，他们获得传统武术的各种信息大都是通过这些武术培训机构这一途径。而培训机构中的教师又存在诸多问题：功夫不正宗、教师技术有限、理论知识少、缺少中国文化、收费高等。

在一些武术普及好的地方，中国传统武术的资深教师，或者是武术的传人亲自在国外进行授课。有些教练则是在国内学习了一点武术的美籍华人，为了能在国外生存以中国功夫为招牌而自办武馆。还有一些情况更糟糕，有些外国人到中国学习一段时间后回国，以“正宗”的中国功夫为幌子开办武馆，而学习者对此一无所知。例如，在墨西哥不下百所武馆中，很少有中国武术老师，也没有专门的中国武术协会。众多的武馆都是墨西哥当地人在中国、美国，甚至是墨西哥的武馆进修后自己开办的。绝大多数墨西哥武术教师的水平只相当于少林寺武术学校中级或者初级水平。这些武馆以赢利为目的，至于学生能不能学到真正的中国功夫，能不能通过学习达到了解中国文化的目的却是另当别论。

（四）国外学员学习传统存在的困难

国外武术学习者了解与学习传统武术的途径主要有以下几种：VCD光碟、书籍、报刊、电影电视、广播、培训班、互联网，以及朋友等不同途径，但其中主要途径是参加培训班、购买VCD光碟，此外，互联网、电视、电影也是学习和了解传统武术信息的主要途径。当然，大部分国外武术学习者

是很少到中国来参加传统武术培训的，他们多是在本国参加的武术培训，至于不能来中国学习武术的主要原因则是路途遥远、交通不便、费用高和占用自己的工作时间。而且想来学习但找不到可以信任、具有权威的教授传统武术的场所，也是影响学习者不能来中国的原因之一。

电信业的发展，互联网、电影、电视这些新的信息传播方式，也成为国外武术学习者了解信息的主要途径，特别是通过互联网传播武术信息与书籍、光碟等媒介相比，其优势特别明显，在国与国之间只需要进行联网就可以随时、随地接受到生动的视频画面，从而摆脱了距离的困扰。但是我国目前的武术网站存在诸多的问题，例如网站缺少外文翻译、缺少可供学习的教学视频，缺少针对国外浏览者的互动方式等。因此，加快我国的武术网站建设，建立一个以传统武术教学为主的网络平台，是传统武术推向国际的另一个新途径。

三、互联网向世界传播传统武术的优势

（一）互联网用户数量急剧增加

随着网络技术的不断进步，国际互联网通过有线和无线网络已经连接了世界各国国家的数亿用户。这些用户可以通过互联网在任何时间、任何地点、与其他任何国家的网民进行多种形态的信息交流，可以浏览世界各国的网站，可以包容各种大众传播媒介。近年来世界联网主机成倍的增长，这意味着进入互联网的渠道越来越多，人们在生活中越来越习惯上网这一行为。这就为武术在互联网传播营造了良好的客观条件。科技不断进步使可以上网的产品不断被更新、普及，台式电脑笔记本电脑、平板电脑是网民上网的设备，手机也作为上网终端迅速崛起，随着5G应用的发展，可以预计在未来更长的时间内，手机上网的普及率更高，世界上各个国家上网的人数还会不断增加。

（二）互联网已经成为国外武术练习者了解信息的途径

在我们的生活中存在着很多的传播媒介，如广播、电视、报刊、杂志、互联网等，由于生活的客观环境存在一定的差异，以及不同国家的发达程度不同，不同地区的人接触某一种媒介的频率也是不一样的，但能明确的是，大多数人平时接触最多的是互联网，其次是电视、书籍、杂志。互联网这种媒介有其自身的便利性，对大众生活的影响也越来越大，虽然有部分人表示互联网在其生活中扮演的角色不太重要，不过绝大多数人对互联网在其生活中发挥的作用持肯定态度，并表示互联网已经与自己的生活融为了一体。生活中大多数的武术练习者都和网络有或多或少的接触，从中摄取自己喜欢的信息，满足自己娱乐的需求。至于上网地方，有调查表明家里、学校或工作地点始终是众多网民上网次数最多的地方，这表明互联网已经逐步进入到每一个家庭中，其上网的便捷性清晰可见。因此，利用互联网向国外传播传统武术的方式具有极大的可能性，也具备了必要的客观环境。

（三）互联网海量信息的交流

互联网与传统的三大媒介报刊、广播、电视相比，其优势主要有以下四方面：第一，传播方式的综合性。互联网技术弥补了印刷媒介、电子大众媒介之间难以逾越的鸿沟，实现了读、视、听的结合，并使接受者能直接、方便的参与传播活动；第二，传播者和受众之间的互动性。传统的传播媒介只具有单向传播，缺乏传播者和受众之间互动的特征，互联网上有海量的信息，不但可以超文本自由连接，看自己喜欢的新闻、图片、电影，还可以在留言板和论坛上发表自己的想法；第三，个人获取信息和传播信息的方便性；第四，跨越国境传播。由通讯网络、计算机、数据库以及电子产品组成的网络系统所具有的穿透力，能在任何时间和地点，通过声音、数据、图像和影像向全世界传递信息。网络上任何一个用户，都可以跨越国境向全世界的用户，各大媒体发布信息，不会受到地域与空间的限制。

鉴于国际互联网存在的传播优势，联合国教科文组织（UNESCO）总部

于2009年4月21日在其所在地巴黎正式启用世界数字图书馆（World Digital Library）网站，为全球读者提供免费试用珍贵的图书、地图、手抄本、影片与照片等服务。由此可见，网络传播对于武术的全球化推广将会产生极大的影响。传统武术套路中所体现出的中华民族独特的思维方法、行为方式、心态模式、价值取向、人生观和宇宙观、训练方式，不是几堂课、几本书、录制几张光碟就可以说清的问题。其内容与体系具有很大的复杂性，传统武术的世界推广和传播，主要依靠口传身授、图文记载和出版发行书籍等传统的媒介传播方式，对于国外众多不能到中国来学习武术，而又想了解武术的人来说，只要用鼠标轻轻一点，通过武术信息资源的共享、远程武术教学、网上武术学术交流、观看武术训练和比赛的视频资料，借助于互联网就可以在自己的国家接受到各类关于武术的信息，达到学习的目的。

（四）我国国际出口宽带的飞速发展

带宽又叫频宽，是指在固定的时间可传输的资料数量，即在传输管道中可以传递数据的能力。计算机网络的带宽是指网络可通过的最高数据率，即每秒多少比特。出口这里指的是国家之间的互联网交换中心的连接带。所以出口带宽指的是国际信息交换的负载能力。通俗一点讲，就是通过互联网传递信息的快慢。出口带宽越宽，传递信息的能力就越强。通过海底光缆，卫星通信系统等信息数据交换方式登陆国际互联网，这些都是出口带宽的组成形式。在我国互联网的国际出口中连接的国家有美国、加拿大、澳大利亚、英国、德国、法国、日本、韩国等，出口带宽上千兆。有专家认为，国际互联网带宽的增加，意味着我国互联网与国际的通信线路更加畅通，上网速度也不断提高。对于国外想通过互联网了解传统武术信息的人们来讲，将使获得互联网上武术视频、音频、文字、图片信息的过程，变的越来越简单，越来越便利，不用千里迢迢来到中国，通过互联网就能将传统武术拳种尽收眼底，只要打开电脑，登录网站就可以了解最新的武术动态，并且还可以和中国的武术名家进行在线交流。

（五）多媒体的应用补充了传统武术现有国际传播媒介

多媒体是通过计算机技术，把文字、图形、图像、动画、音频、视频等信息表示元素集成起来而形成的一种新的数字化信息表示媒体。与其他媒体相比，其特征表现在：集成性、数字化、交互性。

现代社会中，跨越国界的信息交流主要通过人际交流和大众传播两种形式进行。武术通过人际交流进行传播的途径主要是：武术比赛、面对面的授课、国际会议、演出、留学生、讲学等形式。武术通过大众传媒向国外传播的主要途径是：书籍、报刊、杂志、光盘、电视、广播。无论人际交流还是大众传播，都受到地域、时间、空间的限制，而利用互联网上多媒体技术的传播，恰恰跨越了这些障碍，实现了信息及时、清晰、相互的交流。

互联网打破了地域、空间、时间、边界和现有媒体的限制，使得各种形式的武术信息能够以图片、动画、文字、声音、影像的方式，借助于互联网的优势做到持久、即时、海量、全方位、多侧面、深层次地在全世界传递，避免了传递过程中信息的丢失、遗漏和误传。这样便利的传播方式在人类信息的传播史中还未出现过，对于国家和组织进行跨国界传播而言，其意义和作用显得尤为突出。

四、中国武术网站存在的问题

（一）缺少外文翻译版本

英语是当今世界上最广泛使用的语言之一，有近百个国家将英语作为官方语言，超过85%的国际组织将英语作为通用语言。在信息全球化、经济全球化浪潮的推动下，英语已经成为世界性的语言，在国际交流、文化活动、信息传递中扮演着重要的角色。目前，一些中国武术网站缺少外文版本是最大的问题，也是外国人浏览国内网页的最大障碍，这种情况的存在表明大多数中国武术网站的主办方将自己网页的浏览主体瞄准的是国内，忽略了国外的

受众人群，虽然中华武术在中国的知名度较高，可真正学习和关注的人并不多，在国内可以找一个练习武术的老师或者武术培训班进行交流或学习，可是在国外情况就不一样了。由于国与国之间的界限，他们周围的武术老师很少，因此，更希望通过各种途径了解关于武术的各种信息。有国外的武术爱好者曾表示：他很喜欢中国武术，可是他所在国家的武术培训场所很少，所以对中国武术信息了解的比较少，而且他很少登录中国的武术网站，因为看懂里面内容对他而言是件困难的事情。

在进行国际交流的过程中，英语是互联网上通用的语言，这也是目前不可能改变的情况。所以我们要充分利用它，通过各种高科技手段，使国外互联网用户能直接听到来自中国的声音，为了能让世界人民真正了解到什么是正宗的中国功夫，传播更多的武术信息。因此，我们必须加强自己英文网站或其他外文网站的建设。

（二）中国武术网站缺少可供免费学习或观赏的武术视频资料

数字视频是指以数字信息记录的视频资料。社会的发展和科技的进步使人类进入了信息化、数字化的社会，各种信息急剧膨胀，书籍、录像带等传统的表达方式和信息传输方式已经不能满足人们对于单纯的语音信号、文字数据传输的需要，而是期盼着一种通过多种传输媒介令多种显示平台工作的通信模式，数字视频技术的应用就成功将动画、图像、视频、语音、文本等多媒体手段运用在该系统中，具有集中性、交互性、同步性三大特征，实现了画面生动的播放，对于异地传递信息来讲效果更好，因此深受欢迎。

虽然中国武术网站存在缺少可供观赏或学习的视频资料是主要问题之一，在一些以拳种命名的武术网站中很少有能免费观看和可供下载学习的视频资料，尽管一些网站也有一些套路视频资料，但主要是为了宣传，很少有武术门派在武术网站通过视频教学来推广本门派的武术。一些网站设专栏，但需要缴纳一定的费用。绝对大多数网站是以图片加文字的形式展示本拳种

的套路，还有一些武术学校利用几十秒的精彩视频来展示自己学校具有的绝技，其真正目的是招生。至于综合性的武术网站，虽然有武术视频资料，但也存在很多问题。如有的网站能观赏到视频，视频内容是名家的表演套路、武术会议的讲话片段或者是影视片段，而且这些视频资料的网页很难打开，能顺利观看的视频资料很少，并且一些可以浏览的视频资料必须是具有会员资格才能进入，这些障碍无疑为武术的传播套上了枷锁。

（三）武术网站缺少与国外武术爱好者互动和交流

论坛（BBS）是互联网上一种电子信息服务系统，其提供一块公共电子白板供每个用户在上面书写内容，发布信息或提出看法、进行讨论、聊天等，具有强交互性和内容丰富性的特点，是电子信息服务系统。

博客是以网络作为载体，简易迅速便捷地发布自己的心得，及时有效轻松地与他人进行交流，集丰富多彩的个性化展示于一体，是综合性平台。

网上在线交流多是以武术论坛或专家博客的形式出现，虽然在中国综合性武术网站上有论坛专栏或者专门的论坛网站，但进入这些论坛的人很少，发帖子的人也很少，显然网站的知名度不高缺少人气。笔者观察一些论坛里面的内容，发现很多是商家的广告信息和一些网址信息，笔者试着打开里面的留言信息所提供的网站，竟然发现存在发布虚假信息的情况。有些综合性的网站虽然有留言板和论坛，但也是信息陈旧、无人问津，充斥着各种广告和武术培训信息。此外，一些论坛只对自己成员开放，非成员不能进入论坛观看一些经典的帖子或留言。还有一些网站根本没有设立与武术爱好者沟通方式，当然网站的主办方也得不到任何来自社会的反馈信息。并且从这些论坛使用的交流文字来看，多是汉语，这就导致国外武术爱好者看不懂。

随着商业化趋势的加剧，在利益、名誉的驱使下，互联网上的武术论坛更多，但这其中确定存在有些论文是空有虚名，根本无人问津，还有些论坛内容混杂，信息陈旧，很明显缺乏管理，规范性插画，其权威性和可行性就受到了质疑。

（四）武术网站缺少可供学习的武术理论资料

随着武术在世界上推广范围的不断扩大，国外武术爱好者对武术认识不断深入，越来越多的国外武术爱好者不再单纯满足于对武术套路的需求，而更多的看重这些套路中所蕴含的人文气息和养生原理。他们更感兴趣的是武术中体现的天人合一、太极原理、精气神的运用、传统医学与经络、传统养生思想、原理与方法、武术与美学、武术与战争、兵法的关系。他们日常学习中获得知识的主要来源是老师，如果老师的资历比较深，具有深厚的文化和理论功底，则可以向学生传授武术理论知识，如果老师自身水平不达标，那么学生在学习过程中则很难获得除了武术套路以外的理论知识。在没有老师的情况下，大多数人是通过互联网、书籍、杂志寻找自己想要的东西，在这些方式中，互联网无疑是最方便、最快捷的方式。

至于在武术院校网站及其他类型网站中很少涉及的武术理论信息，即便是设置了这样的栏目，其内容也十分简单，或者是打开后显示着“此内容尚未完成”的字样。

由于国外对传统武术了解的太少，导致他们对武术的认识还存在一定的误区，即武术不等于功夫。在他们看来，前者只是现代竞技武术套路，后者则是包括了不同门派的传统套路及其技击和练功方法。

（五）缺少非功利性的武术网站

国际上根据网站建立的目的，通常是将网站分为以营利为目的的网站和不以营利为目的的网站。以营利为目的的网站主要指的是商业网站和个人网站，不以营利为目的的网站主要指政府网站，用于对公众的宣传、组织、宗旨及服务。国际互联网为了保证域名系统的通用性，规定了一组正式通用标准作为类型名和国家代码。但根据此通用类型名对中国武术网站进行分类发现，多数是商业性网站，非营利性的网站数量很少。而迄今为止，中国传统武术在传承上遵循的是“保守型”的传播方式，尽管国家武术管理中心早已经提倡思想武术传统套路的普及与公开传授，可是一旦涉及该武术的核心套

路还是密而不传的，即便是在网上能看到一些传统武术套路的视频资料，也只是简单几个招式。更多的是一些国内或国际性的武术比赛套路，且都是个人用家用的摄像机拍摄的，画面质量与播放效果都很差，无法下载和学习。

虽然我国存在一些非营利性的网站，但这些多是综合性网站，主要是为竞技套路服务的，内容针对的是武术赛事、武术组织、武术协会、武术规则，尽管也有综合类的网站包含有像武术流派、武术名人这样的栏目，但内容却单一、肤浅、不详细，缺少供学员下载和学习的视频资料，因此这种性质的网站对传统武术的传播起到的作用不大。至于一些以武术名称命名的网站，虽内容上存在一些介绍该种武术的视频资料与理论信息，但对外开放的力度不够，多数是商业化操作，有收费性质，进而对传统武术的对外传播产生了限制。

五、中国传统武术互联网传播问题的解决对策

（一）建立数据资源库

由国家相关部门牵头，建立一个全世界武术爱好者可以共享的资源数据库，对资源库的数据进行分类，以便供国外武术爱好者了解关于武术的全方位信息，使传统的教育资源真正跨出学校的围墙成为全世界的共同财富和资源。数据库中的数据按一定的数据模型组织、描述和储存，具有较小的冗余度，较高的数据独立性和扩展性，并可谓各种用户共享。

（二）结合传统媒体专业优势，走武术专业型网站道路

创建一个以武术技术和理论普及为主的网站，网站的宗旨是：向国际推广传统武术，普及基本的武术技术和理论知识，涉及到的内容以已经出台的各个武术的段位为主，还可以融入其他武术的视频欣赏，可以向国外浏览者收取适当的费用。通过这个网站，及时传达一些国际性传统武术比赛或培训

信息，为那些不能来中国或已经学习回国的学员建立一个深入了解或再深造的机会。

网站的服务对象是：国外的武术爱好者，武术教练员，到中国接受过培训的武术练习者。网站的核心内容是传统武术套路教学，以视频点播的形式向外传播，也可以提供下载功能。

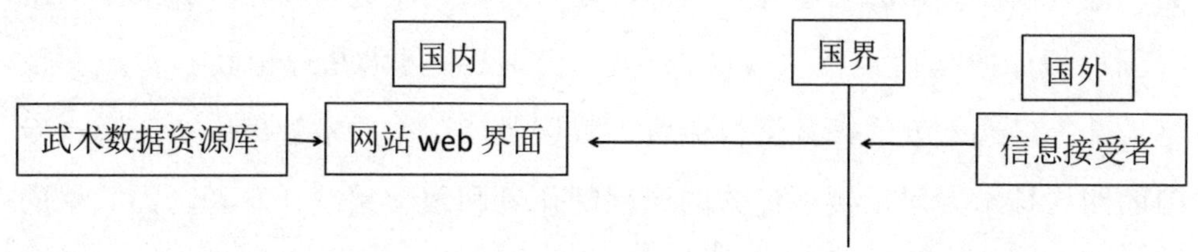

图4-1　国外用户浏览网站模式

（三）积极向世界推广网站

采用以下方法推广：

一是搜索加注。新开通的网站应到世界知名的导航网站，如Google、sina、sohu、yahoo等各大著名搜索引擎上进行登记注册，供使用者搜索、查询。

二是友情链接。和国际上著名网站做友情链接，这样可提高双方网站的访问量和知名度。

三是传统媒体宣传。在国际上比较知名的报刊、广播、电视等传统媒体上做广告宣传。

四是比赛宣传。在举行重大的国际武术比赛或代表团出国进行武术交流时进行网站的宣传。

（四）走标准化的发展道路

武术的国际化，首先要进行的是武术的标准化，从传统武术定义到本武术的理论、技术、比赛操作等方面都要有统一的规范。其次，在传统武术术语的翻译中，要保证其准确性。翻译过程中要深入研究和理解本武术种类的

领域知识，要考虑到术语的单独意义和联想意义，通过译文不仅能让听者有一个合乎逻辑的联想，还能体现出语言背后的文化背景。

（五）召集网络技术人才，录制高质量的课件

国家武术管理中心，应积极与各个武术协会负责人或武术传承人沟通，录制出高质量的教学视频课件，及时对数据库进行补充。并加强网络视频课程库的建设，优化视频课件，体现武术技术和理论教学特点和风格，并提供武术教学视频资料免费下载服务。国家武术管理中心应吸收专门的网络技术人才，接纳优秀的课程制作者和教学系统开发者，为武术的网络国际传播服务。

（六）加大网站对外翻译的力度

提高现有武术教师自身的技术与理论水平，培养一批即懂英语又专业的武术老师，在网络课堂上实现传道、授业、解惑的职能。并加大网站内容的外语翻译力度，争取采用更多的版本向国外推广，结合国外的情况，走本土化发展和国际结合的道路。

（七）加强网站的管理

通过互联网加大为远程学生提供学习支柱服务的力度，联系国内的知名专家开展及时的课程内容讲解、辅导与答疑。加强网站的信息管理，避免低俗或虚假信息的出现，维护国际形象。

第五章　大数据时代不同技术在中国传统武术发展创新中的应用

“后数字”时代的到来，对社会各个方面产生了极大的影响，它改变了人们的生活和工作方式。作为信息载体的网络，它的开放性、共享性、自由性、方便快捷等特点使各行业纷纷利用它扩大对外交流。近年来武术网站层出不穷，对宣传和发展中华武术和武术爱好者之间的交流提供了一些平台。传统武术作为学校武术和竞技武术的源头，也开始在国家的支持下不断地被挖掘并蓬勃发展。各种武术教育传播辅媒也跃然显现于学习者眼底，无论是教学视频还是umd文档教学，均起到了普通书本教学达不到的效果。

第一节　基于“互联网＋新媒体”的中国传统武术视频教学的应用

一、网络学习平台的需求分析

（一）目标分析

传统武术的网络学习平台是适应社会发展的需要，是“互联网＋新媒体”应用于教育的时代产物，是符合现代学习需要的平台。它是满足新时代传统文化发展需要的重要学习渠道和方式，是课堂教育的有效补充。

依托高校在传统武术教育等方面的优势教学资源，发挥“互联网+新媒体”的视频教学网络平台的信息化教育优势，服务更广泛的社会群体，拓宽传统武术的传播范围，提升传统文化的社会认知度。做到教育服务社会发展，社会支撑教育进步。

（二）用户分析

“互联网+新媒体”的视频教学网络平台根据不同用户的身份和需求，分为平台管理员、注册用户、游客用户，不同用户按各用户通道进行注册、登录和学习等板块。平台管理员一般为教师管理员用户，负责平台系统维护，用户信息管理，课程的发布。注册用户一般为校园课程选修的在校生，通过网络学习平台进行传统武术课程选修、网络课程学习和学习效果反馈等。游客用户为非课程选修人员，仅以游客身份登录，游客可以是高等院校的在校学生，也可以是对传统武术感兴趣的校外人员。通过该网络平台进行传统武术的学习和效果反馈等，既扩大了学习平台的使用范围，又拓宽传统武术的传播渠道。

二、网络学习平台的教学管理应用

（一）用户管理

系统用户管理分为账户管理和权限管理。根据不同身份的用户设置不同的使用权限，管理员用户拥有最大的使用权限，可以删减系统用户，修改角色权限、信息，调整课程安排，调整场地使用，发布教学、课外活动等信息。而注册用户和游客用户则根据用户的不同权限，访问被授权的模块和资源。注册用户可以访问选课系统、课程内容、活动发布、场地使用、课程互

动、信息反馈等，拥有较高的学习权限。游客用户可以访问课程内容、面向游客开放的活动信息、课程互动、信息反馈等内容。

（二）教学管理

系统教学管理分为教辅管理、课程管理和课外活动管理三部分。

教辅管理包括课程管理、教师管理、学分管理、场地管理、专业器械管理等模块。课程管理包括课程发布、内容维护、选课管理、查询管理、课程互动、课程反馈、公告发布管理等模块。课外活动管理包括活动计划、活动组织、活动发布、活动纪实、活动互动、活动反馈等模块。

系统、精细的管理规划，可以帮助专业授课教师进行智能化管理，极大地简化繁琐的管理环节，减少繁重的管理内容，提高教学效率，减少不必要的安全隐患。

（三）资源管理

课程资源内容包括课程大纲、教学计划、课程教案、安全事项、任课教师、课程目录、教学视频等。课程资源类型主要分为文本类、图片类、长视频、短视频、仿真教学、智能陪练等模块。资源除传统文案内容外，有当前比较流行的丰富的图文资料，还有年轻人喜闻乐见的短视频形式，沉浸感较强的虚拟仿真、模拟感知等智能学习形式。这些形式拉近了传统文化与年轻人的距离，用传统文化来填充年轻人的碎片时间，提升中国传统文化的魅力。

在网络教学系统中，教师可以对课程资源进行系统管理和维护，包括对课程图文和视频等资料的发布和维护。对有学习序列要求的课程资料定期、定时按序列发布，发布频率仿照网络短视频平台的视频发布形式，做到持续更新，不间断地学习，可以结合课程进度做到每周一更或每周二更、三更。

（四）数据管理

学习平台的数据管理分为用户数据管理、资源信息和使用数据管理、选课信息和上课数据管理、教室场地信息和使用管理、设备信息和使用数据管理、信息发布数据管理等。每个环节的平台信息都将以数据化的形式进行记录和留存，原始数据的有效记录和管理将为当下和未来的教学管理、专业教学、文化宣传、策略制定的提升和改进提供直接的第一手资料和重要的参考依据。

三、网络学习平台的优势特色

（一）信息化平台提升教师教学管理能力

系统化、科学化、规范化的“互联网＋新媒体”的视频教学应用平台有效地提升了教师教学管理的能力和管理效率。

1.提高教学辅助管理效率

学生管理、课程管理、场地管理、器械管理等大量繁琐的管理工作都需要管理人员花费时间和精力去管理。传统的管理工作中，每部分的管理工作都会涉及大量的表格填报等工作，且各部分多分属于不同的管理部门，具有相对的独立性，缺少一定的关联性；复杂的表单和繁琐的登记、填报等管理工作，不仅繁重且易出差错。而“互联网＋新媒体”的智能化网络学习平台下的管理系统，实现数据互联，智能化管理和运用，有效减少了出错率，极大地提高了教学管理效率。

2.提升专职教师管理能力

专业教师的专业教学和学习能力较强，多侧重在专业教学和科研研究层面，并不擅长教学管理工作，而教学管理又是不可跨越的一个重要环节。系统、简洁、智能、可视化的网络管理平台为专业教师提供了更好的

管理方式，更有效地将教师从繁琐的管理工作中解放出来，大大提升了教学管理能力。

（二）新媒体提升传统武术社会认知度

网络学习平台下大量的图文、视频等传统武术学习资料，为广大的传统武术爱好者提供了较好的专业学习途径，将学习群体从在校的专业学生群体扩大到其他学生群体，甚至是社会学习群体。而网络学习平台下的学习互动、反馈平台、图文甚至是视频形式的信息反馈和互动，能够有效地借助大众比较喜闻乐见的形式吸引更多爱好者的目光。这有利于提高中华传统武术的社会认知度，让更多年轻人喜欢这个有内涵、有底蕴、有温度、有趣味的中国优秀传统文化。

（三）新媒体应用培养全媒体思维人才

信息化时代，媒体融合已是当前媒体发展的大势所趋，影响着媒体发展的新格局，而媒体全覆盖的格局也同样关系着各行各业的发展。任何领域都可以借助媒体进行宣传和推广，而人人都可以是媒体传播者，也可以是内容制造者。传统武术的学习和推广，也不应故步自封脱离这种形式，更要在学习起步阶段就培养建立全媒体思维，了解、熟悉不同媒体的特点和属性，融合多种媒介的优势来宣传推广传统文化，提升传统文化的社会影响力。

（四）基于数据挖掘开展个性化教学

在学习平台运行的过程中，系统登录、选课、播放、互动、诊断、反馈等操作的痕迹记录，数据统计都彰显了信息化教学平台的优势。新时代新媒体，有着千人千面的人生经历、兴趣爱好、学习习惯，而“互联网＋新媒体”的视频教学网络学习平台提供了了解这些信息的方法和途径，智能化的数据分析和推送，为开展个性化教学提供了可能和依据。今后，依据不同人群的兴趣、习惯、偏好、能力等，打造千人千面个性化的私人学习内容、学习空间和形式的“未来型学习模式”将成为可能。

综上看来，传统文化需要继承，也需要发展。传统武术教育的发展既要有传承也要有创新。借助飞速发展的信息化技术来提升教学水平和管理效率，利用“互联网＋新媒体”技术，搭建智能化学习平台，丰富传统武术的教学模式，是传统武术教育的重要尝试。我们应在新媒体教学网络应用中，不断提升和完善网络学习平台的内容和功能，在保护传统武术内涵的前提下，增强传统武术的活力，提升传统武术的魅力，吸引更多年轻人加入传统文化学习和传播的行列中。培养符合新时代发展需求的传统武术传承人才，是“互联网＋新媒体”的传统武术视频教学应用的目的和初衷，也是新时代传统武术教育的责任和担当。

第二节　虚拟现实技术技术在武术训练中运用的优势

一、从虚拟到现实

从科学角度来看，人类所看到的真实世界是由意识构建而成的，人类所感知的东西都是对外界刺激做出的反应。

虚拟现实技术即VR技术，它是利用计算机生成一种多元信息融合的可交互三维环境，为用户提供沉浸感，使用户感觉眼前的一切都是真实的。从技术方面来看，虚拟现实技术所营造的是一个让人五感，即：视、听、触、味、嗅觉以及平衡感等各种感觉都认同的与现实情景相同的世界。

人类社会发展至今，3D手势、面部识别等新技术都得以实现，未来还会实现脑波操控、意念统制等。不论科技如何发展，最本质的是要让人以

最舒适的方式获取信息。虚拟现实技术的三大特征：沉浸感、交互性、构想性。沉浸感是使用户完全沉浸到计算机所构造的虚拟空间中；交互性是指通过特有设备实现人们与虚拟世界的交互；构想性是通过和虚拟世界的交互对人们意识和心理产生的影响。

在5G网络的协助下，需要实时交流、实时交互的虚拟现实行业应用将被实践和推广。如今，国家大力将虚拟现实技术与旅游、娱乐、教育、医疗等领域不断融合、运作模式日趋成熟，涌现出一批新兴业态。虚拟现实技术除了在旅游、医疗、教育等方面的应用，在传统武术训练上也能发挥出其优势。

二、虚拟现实技术在武术训练中的应用优势

（一）虚拟现实技术学习武术动作

武术套路，是由拳法、腿法、身法共同构成，但有时候很难真正理解动作的要点，初学者更是如此，只有在经过反复的练习时才会形成肌肉记忆，动力定型。而教练不会有充足的时间针对个人进行反复教学，这时候可以利用虚拟现实技术，进行学习、体验。制作优秀的虚拟现实技术教学视频，进行面对面教授，这比单纯的录像学习要精细得多。

（二）虚拟现实技术解决武术训练中的弊端

武术的艰辛，可谓是不言而喻，很多小孩子一开始满怀信心，但最后坚持下来的寥寥无几，武术的基本功绝非两三年能见成效，基本功的训练是枯燥乏味的，如果能运用虚拟现实技术，构建一个游戏场景，进行各种基本功的练习，设置一个闯关模式，不仅提高了初学者的训练热情，又让更多的人愿意学习武术，对武术的传播也起到了积极的作用。

（三）虚拟现实技术提高对练项目实战配合能力

对练项目需要双人或三人共同完成，与纯对抗项目还有区别，它讲求的核心就是两人娴熟地配合及技法运用，因此在对练项目中造成的划伤、砍伤时有发生，而且危险性较大。但是通过虚拟现实技术可以很好的改善对练中存在的问题，让习练者同时在设计好的虚拟场景中进行训练，手持虚拟现实技术辅助训练手柄，模拟武术器械，进行躲闪、进攻、防守、配合等各方面的训练，从而提高习练者之间的配合能力。

（四）运用虚拟现实技术模拟比赛

武术套路中有许多高难度翻腾转体动作要求落地后稳如泰山，出现晃动或倒地即为失误，许多运动员平日训练水平稳定，但在赛场上，由于心理素质不好，造成失误的情况屡见不鲜。为了缓解这一问题，可以运用虚拟现实技术创建一个模拟比赛环境，赛场观众席人山人海，加油呐喊声此起彼伏，裁判员庄严坐立，亮分牌醒目地显示着你的最后得分。这会让你提前熟悉赛场环境，形成一种虚拟和现实无差别的感受，在真正比赛中有了稳定心态，正常发挥，提高了成功率。

（五）虚拟现实技术科学训练，减少训练伤病

运动中运用虚拟现实技术的动作捕捉技术，获取运动数据，运动捕捉技术中的传感器就是在身体各个部位安装GPS，通过传感器跟踪设备记录运动数据，并生成运动动画，捕获每一个关节的运动轨迹，使之达到精准化。还可以利用智能设备对运动员的生理生化心理指标进行采集，为科学的训练提供了保障，也能根据不同项目、不同性别、人群制定出适合的训练方案。

在人工智能、物联网、大数据及虚拟现实技术不断发展的今天，有专家提出虚拟现实技术会成为体育训练的“兴奋剂”，武术作为体育项目，也应积极迎合时代发展趋势，运用新技术进行科学、有效的针对性训练，降低训练中的受伤率，才能更好地提高运动成绩，将武术推广至不同人群，目前国

内虚拟现实技术与体育领域尚处于初级阶段，但未来虚拟现实技术一定会推动武术甚至整个体育领域有一个更好的发展前景。

三、虚拟现实技术在传统武术推广中的构想

（一）建立网络学习平台

1.建立基于虚拟现实技术的传统武术网络素材库

在构建的开放式网络平台上，建设素材库，收录各个地区、各个种类的传统武术。以少林武术为例：据少林寺流传的拳谱记载，少林功夫套路原有708套，其中拳术和器械552套，但现在保存下来能演练的才二百多套。以此看来，传统武术的传承和发展单凭拳谱和口传身授还是不够的，需要更多更好的方式去记载和传承。因此，建立网络素材库刻不容缓。每种武术由该派系大师讨论形成统一的标准选出专业人士演练，由专业的虚拟现实素材制作人员进行录制。每一种拳术分别制定学习章节，每个章节指出学习内容，形成标准素材库，提供标准的传统武术体系。同时还可以支持个人上传，由个人自行录制素材上传，形成特色素材库提供具有地方或者个人特色的武术体系。以此来为大众提供武术学习素材，同时也为传统武术保留历史资料。

2.建立线上传统武术服务机制

在构建开放式网络平台上，我们可以建立线上服务机制，通过专业的客服解答用户在学习传统武术过程中遇到的困难。例如，传统武术讲究动作的发力，动作与呼吸的配合，大范围流传的太极拳尤为讲究，然而虚拟现实技术却不能准确模拟呼吸发力等内在运动。我们建立线上服务机制这些问题都可以通过在线客服得到解答。每种武术派系建设相应的交流论坛，可以让共同学习的人群进行交流互补。

（二）建立网络练习平台

可以建立基于虚拟现实技术的传统武术自主学习模式。在构建的开放式网络平台上，我们建立传统武术自主学习模式。练习者穿戴好虚拟现实设备选择自己要学习的传统武术，下载相应的素材，由人工智能生成虚拟教练员进行传统武术的指导教学，分学习模式、单练模式和对练模式。学习模式下，练习者根据素材中武术教练员的动作讲解进行练习。单练模式就是由虚拟指导员对学习内容进行标准领做，练习者跟着进行练习。对练模式就是由虚拟指导员按选定的武术套路配合练习者进行对练。

同时，我们要建立基于虚拟现实技术的传统武术网络对战模式。在网络平台上，建立网络对战模式。练习者在平台发出战斗邀请，平台自动安排其他同时发出战斗邀请的练习者进行战斗。可通过虚拟现实设备调节战斗场景，如紫禁之巅、茫茫大漠等。练习者通过穿戴虚拟现实设备把自己的动作姿态在虚拟空间内展现出来，对战双方通过反映各自动作姿态的虚拟角色进行搏击比赛。我们可以设立等级制，靠胜场积累提升等级，且每个等级只能同等级对战，以此来达到训练目的。

（三）应用于传统教学

通过这个平台教师可以在课前布置学习单元，学生课前自主练习单元内容，对所要学习的内容有一个初步的了解。课堂上学生反映自主学习过程中所遇到的难点，教师根据学生提出的问题，进行片段教学，通过学生的状态进行纠错。学生课后可以通过平台温习动作，对比课前课后有什么进步，纠正错误动作，加深巩固。

传统武术在发展的演进过程中，更多的是面对面教学，没能吸收科技带来的便利。虚拟现实技术技术的介入，使传统武术的学习与推广更加方便，能较好的弥补传统武术教学过程中因地域、标准化、无人指导、练习时间等不足带来的困扰。虚拟现实技术和传统武术相结合的推广体系（体感游戏机、网络素材库、线上服务机制、交流论坛、建立网络学习平台、练习平

台、针对学校建立相应的分节课件），对传统武术未来的发展将具有深远的影响。随着虚拟现实技术的不断发展和完善，以及大众化的发展趋势愈发明显，传统武术可以搭载虚拟与现实技术这一大船，通过传统传授方式和新兴方式的优势互补，以此为契机，激发人们学习兴趣，更好地为传统武术的推广服务。

第三节　计算机数字模拟技术在中国传统武术动作技术结构中的应用

一、中国传统武术动作技术结构问题的分析

对武术动作技术结构的研究是武术教学与训练实践中经常涉及到的问题，传统的方法通常使用摄像机拍摄运动员的技术动作，然后对其结构进行分析。但是这种方法只能对运动员的技术动作进行一次性的简单回放，对于武术动作技术结构的运动学、动力学、生物学特征的量化及比较分析，则不能得到满意的结果。随着科学技术的发展与现代体育发展的需求，电子计算机技术的快速发展为体育动作结构图像的比较、叠加、动力学测试、计算与自动分析等功能的实现，为动作技术结构的量化分析与研究奠定了雄厚的基础，尤其是计算机数字模拟技术应用于动作技术结构领域的研究，可以使武术专家及教练员在武术动作技术结构的设计阶段就能预知动作技术结构的功能和结果，从而为研究武术动作技术的结构特征，进行最佳化武术动作技术结构的设计建立了一条科学技术与运动实践相结合的道路。应用计算机数字模拟技术研究武术动作技术的结构特征，无论是对武术动作技术结构的改进，还是武术动作技术结构的再造与重建，都能使其研究周期大幅度地缩

短，提高武术动作技术结构设计方案的可行性与实际应用的价值，提高武术运动技术训练的调控水平和训练效率。

二、武术动作技术结构数字模拟仿真模型的建立

计算机数字模拟技术是利用计算机技术对人体运动这一复杂结构系统进行分析、研究和设计的有力工具，其应用和影响已涉及众多体育运动项目的科学研究领域，如对运动中人体运动动作结构的运动学特征、动力学特征及生物学特征领域的研究，充分揭示了动作技术的外部形式与内在本质的联系、原理和动作技术模式的建立与发展规律。

在武术动作技术结构研究中，由于研究所涉及到人体运动时的基本结构特性，根据武术动作技术的目的及人体完成武术动作技术的规律和特征，通常将人体简化为多质点数字化模型或多刚体系统的数字化模型。把人体的骨骼、肌肉、肌腱等运动系统组织，处理为数字化的、由多个具有空间形态及质量的刚体模型，并将多个环节之间的作用力及力矩建立成影响动作技术结构的多因素模型，从而建立研究与设计武术动作技术结构的运动学、动力学、生物学运动方程。当选用独立的广义坐标研究技术动作时，其数学模型为常微分方程（ODE Ordinary Differential Equations）；如果选用非独立的广义坐标，则得到的是微分代数方程（DAE Differential Algebraic Equations）。这些方程通常都属于高阶的、高度耦合的非线性方程，除了在极少数情况下可以简化通过人工方式的计算并求得解析结果外，一般都需要通过计算机技术寻求数值的解析结果。

三、计算机数字模拟技术的方法与过程

（一）计算机数字模拟技术的方法

通过计算机建立的数字模型来模拟人体研究武术运动动作结构特征的过程与方法包括下述几个步骤，即输入数字模型的原始参数、通过电子计算机的程序计算、取得技术动作过程局部环节运动、整体运动动态（静态）结构特征的描述结果、形成武术动作技术结构的原理等，这一过程称为计算机数字模拟技术，也称为数值仿真技术。在实践中应用计算机数字模拟技术计算时，会遇到正向或逆向问题，如已知人体运动时各局部环节的运动状态（如各局部环节运动的空间特征、时间特征），求解形成动作技术结构的力学条件（如环节运动所涉及的肌肉拉力矩、环节阻力矩、整体运动状态下人体内力的传递及动量矩沿人体各环节的转移，外力作用等条件）等。

在计算机数字模拟技术的运算过程中，必须要增加对其力学附加约束条件，以求得各输入量的最佳组合，完成对武术动作技术结构的最佳化设计。在建立数字模拟仿真模型有关参数足够准确的条件下，计算结果能够准确并真实地反映运动状态的动态结构特征，对武术动作技术结构研究所获得的结果，具有很强的预测性和极为实用的指导作用。例如美国运动生物力学专家艾・里尔博士对铁饼运动员威尔金森掷铁饼的技术诊断，通过计算机数字模拟技术对其动作技术结构的研究，模拟计算了其投掷铁饼过程中动作空间特征、动作速率、力和动量传递与动量矩转移等参数的高阶、高度耦合非线性方程，对威尔金森的技术动作结构提出了优化设计的最佳动作技术结构方案，由于这些研究都是建立在科学的理论基础之上，因而可以为优化运动员的动作技术结构提供科学的指导，对提高运动技术水平具有极为重要的意义。

（二）计算机数字模拟技术应用的过程

计算机数字模拟技术应用的过程涉及到多个不同的方面，如根据武术动作技术结构的研究课题、目的和任务，建立多刚体系统的连续运动及动态性质的数字化模型、建立动作结构的运动学、动力学及生物学方程、应用或编制软件、调试计算、数据检查核校、反馈调节与控制，至最终建立与完善武术最佳化动作技术结构（模式）等，其工作流程如图5-1所示。

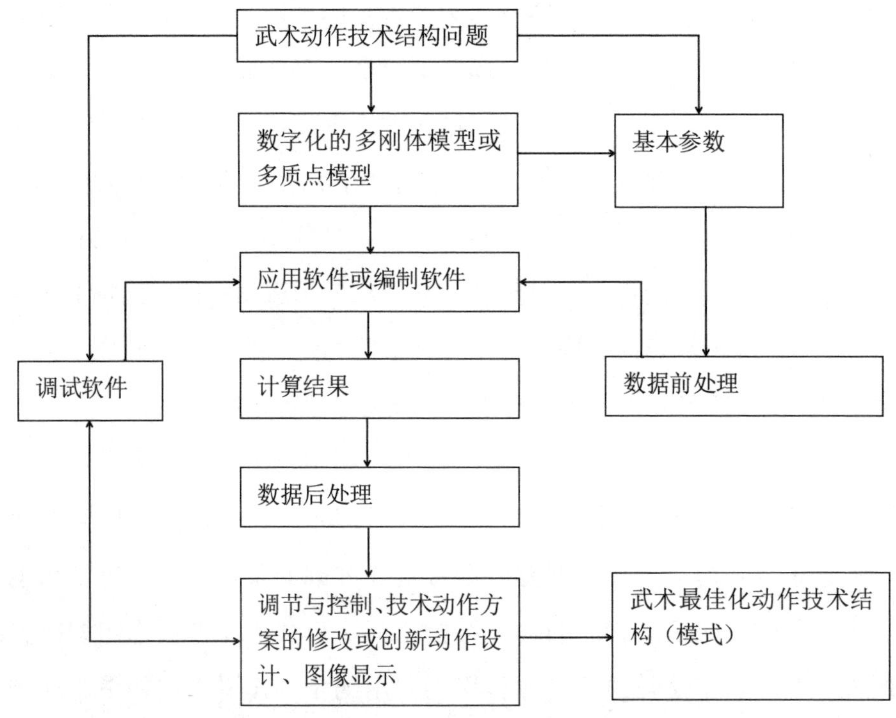

图5-1　计算机数字模拟技术工作流程图

四、计算机数字模拟技术的程序及步骤

随着现代电子计算机技术的高速发展，目前市场上已有许多研究多刚体系统模型力学的计算机软件程序，应用这些软件程序能求解武术运动过程中人体多刚体系统运动学和动力学的正向、逆向问题，由于武术运动中人体的一切技术动作结构都必然遵循力学和生物学的基本原理，因而通过其数字模拟技术的计算方式能解决运动中人体武术动作技术结构的量化分析问题。计

算机数字模拟技术的步骤包括数据输入、数据前处理、模拟计算、数据后处理、技术动作方案的修改或创新动作设计及数据后处理和图像显示。

（一）数据输入

数据的输入包括从通过三维立体摄影的方法所获得的武术动作技术结构资料影片或平面录像拍摄所得的动作技术结构运动学参数，从电子测力台系统测试所得的动作技术结构动力学参数及人体惯性、转动惯量等生物力学参数，数据的输入过程具有统计学处理，输入数的筛选、修改、平滑程序，对有误或可疑数据可进行重新确认和修改。

（二）数据前处理

数据前处理包括数据的坐标转换、误差处理、时间同步处理等。根据影片或录像资料中一般都具有惯性和非惯性参考坐标（如背景参考标记、人体结构的坐标轴等）来表示动作空间特征。计算机仿真计算的坐标系通常建立在人体多刚体模型的惯性主轴上，所以在运算前需将原始数据进行坐标转换，对参数进行统计处理，在误差处理中剔除奇异点，以及对整套数据进行平滑处理，时间同步处理则是对平面图像空间特征数据与时间特征的吻合，或将三维摄影中两个互为垂直的平面图像数据进行同步校正，这些数据前处理工作对于系统计算结果准确性具有直接的影响与作用。

（三）计算机数字模拟计算

输入数据经过正确的前处理阶段后，即可根据动力学方程计算，得到武术技术动作在空间运动的全过程，并将它与实际影像比较来验证模拟程序的准确程度与误差性。当计算机模拟计算的结果图像与实际动作图像相比较，两者轨迹基本吻合时，说明计算机数字模拟技术程序计算是符合所研究实际的，其结果对武术动作技术结构的改进、设计与再造，对运动训练实践具有良好的指导作用与意义。

（四）武术动作技术结构的修改与新动作技术结构的设计

计算机数字模拟计算技术的一项重要功能，是修改局部动作和设计新的武术最佳化动作技术模式及训练方案，由于图形变化可采用数学语言描述，通过计算机系统的自动识别，局部动作的修改经数据输入后，整个运动图形会产生相应的改变。如果在计算机显示中观察到的结果理想，则说明修改或新设计的动作值得尝试。这一功能对研究武术技术动作的最佳化结构，对武术运动训练过程中的教练员、运动员都具有十分重要的指导性作用，特别是对运动中武术基本动作的确立和创造高、难、新动作，可以使教练员一些新的设想先在仿真程序中证明其可行且有效后，再进行实际尝试，可以最大限度地减小和防治运动创伤的产生，更高效率地提高武术动作技术训练的效果及安全性。

（五）数据后处理和图像显示

计算机数字模拟技术计算得到的数据，需根据研究课题内容和任务的要求，以不同的方式所显示。计算机数字模拟技术计算程序具有各种数据转换功能，可以将结果以各种图形方式显示。这一过程称为数据后处理，最后可以非常直观且合理地呈现技术动作图形结果。在研究和设计最佳化武术动作技术结构方案的过程中，这些通过计算机数字模拟技术计算得到的连续图形输出，对武术动作技术结构方案的修改和创新，具有极为重大的参考价值，能够起到直接和决定性作用。

五、计算机数字模拟技术在运动技术训练中的应用价值

利用计算机进行数字模拟仿真，并利用三维动画技术研究技术动作时可具备以下功能和作用价值：

一是利用计算机进行数据仿真，采用三维方式逼真模拟技术动作，以三

维动画显示技术解析武术动作技术立体空间结构的运动学、动力学及生物学特征。使运动员更容易、更快速地掌握技术动作要领，从而大幅度地提高运动员整体运动训练水平和动作技能水平。

二是动作编排模拟与设计合理的动作体系，完成武术运动训练中新动作技术方案的设计与技术动作标准模式化。通过计算机数字模拟技术可以编辑、修改、设计新动作，从各种编排结果中挑选、设计最佳化武术动作技术结构方案，据此建立武术动作技术结构模式，指导运动技术教学与训练。

三是模拟结果与训练技术动作的对比，可以对武术动作技术结构进行量化比较分析，进行技术诊断，并以图形方式展示分析结果。包括武术运动中人体动作的空间状态变化、人体重心运动轨迹的变化、位移、速度、加速度、力和力矩作用等。在此基础上，可以应用科学、合理的动作模式与运动员技术动作做深层次的比较分析，通过将运动员的训练动作与标准模拟动作显示在同一个屏幕上，并以相同视点、同步对比，进行技术诊断，根据武术动作技术结构原理设计运动员改进技术动作的指导性方案。

计算机数字模拟技术应用于武术动作技术结构的研究目前是武术运动技术研究的重点课题。国内外同行虽然在人体运动模拟的计算机数字模拟技术计算技术研究方面已有一些结果，但由于其计算复杂度高，需要人为设定繁琐的参数而难以完全满足运动实践的需要。随着现代科学技术的高速发展，计算机数字模拟技术计算技术在不断与武术动作技术结构研究相结合的实践中，将显现越来越大的指导作用与价值。

第四节　速术技术在中国传统武术传播中的应用

一、速录技术的相关定义与应用

速录是一种将语言快速录入计算机中，将语音同步转化为文字并显示出来的记录方式。随着电子计算机技术的发展，打字已经成为由单一的机械式的文字录入，演变为集文字录入、编辑、存储、打印为一体的电子处理方式。这种新型的由电子计算机对文字进行处理的方式，能迅速记录实时语音信息，其记录速度能达到甚至超过人们日常演讲、辩论所输出的信息量，可实现“音落字现、话毕稿出”的记录效果。它与手写速记的区别是：速录依靠速录机完成快速记录，速记是速记员用笔完成快速记录；速录的内容可以在第一时间转换成文字，速记的内容必须花费四到五倍的时间翻译加工才能整理成文字；速录方式可以一个人胜任三个人的工作，速记方式则需几个人完成一个人的工作；速录方式可以边敲打键盘生成文字，并显示在大屏幕上，速记方式不能即时显示文字。由此“速录”也逐渐成为可以普及的使用技术而被广泛应用于国家领导人的出访、高访会谈记录、国家机关及企业单位日常办公记录、庭审、谈判、网站直播速记、录音录像文字整理、媒体采访速记、现场会议记录等活动的实时记录，从而形成了一个速录从业人员群体。尽管中国的速录技术起步较晚，但已经取得了突飞猛进的发展。当代速录技术的录入手段采用专用键盘和标准键盘两种模式，依照相关标准，均能达到对语音信息实时采集的目的。

二、速录技术在传统武术传播中的运用

前面我们提到了传统武术在传播过程中受到了地域、语言交流等方面的桎梏，从而对传播产生了影响，下面我们分析速录技术在传统武术传播中对上述问题的运用优势。

（一）速录技术与民间传统拳师方言教学的结合

“人类的传统传播方式属于效率比较低下的‘近邻扩散’，可以说是一种人与人之间面对面的互动信息的传播，这种传播包含着人的身体多重信息的简单传递，具备极大的亲和力，但是也存在着信息扩散的局限性。”受封建思想的影响，民间传统武术自古以来秉承“传男不传女，传内不传外”的思想和言传身教的授受方式，由此很多特有拳种只在本地区流传，习练人群比较单一，直至慢慢失传。直到近现代，社会的进步、思想的开化、科学技术的发展，各种教学方法层出不穷，网络作为现代社会中的一种最快、最广的传播方式，也被应用于民间传统体育的教学上。武术视频教学作为一种必然的教学方式为广大习练者提供了广阔又便利的学习平台。然而对于视频制作中遇到的各种方言使视频制作人员只能把采访到的民间拳师的动作传达给习练者表述而难以将其语言中的点睛之处准确地。解决这种尴尬局面最好的办法就是将其方言译成普通话的形式并以字幕方式呈现在视频中，而其中所传达的术语为能保持其原有意义，只能以字面形式表现出来，以防习练者被音同意不同的语言干扰。由此速录技术所能体现出来的实时采集语言信息的能力得以体现，配合讲授者动作及普通话讲解，以达到使习练者对该套动作最大程度的理解。

（二）速录技术在民间武术家采访高速记录整理中的运用

自1979年1月开始的民间武术遗产挖掘整理工作开始至今，大量工作人员与民间武术爱好者游历与民间挖掘整理中国民间武术的精华。以开始时的手写速记到后来的速录，工作效率大大提高。在对民间武术家的采访中，以速录技术的高速性，准确性记录，不致因记录跟不上而打断讲话人的思路，影响其情绪；能使口授文稿一气呵成，保证采访质量，加快采访速度，取代手写速记的低效率，以一个人胜任多个人的工作效率为近期的的挖掘整理工作奠定了时间基础。"语毕稿出"的记录形式体现了速录技术在采访工作中不可缺少的地位。在对民间武术家的录音整理工作中，速录技术使录音及时准确的转化为文字形式，避免手工记录跟不上说话的速度而重复收听一段录音所浪费的时间，大大缩短了转译的时间，由此更是展现出了其无可取代的作用。

（三）速录技术在传统武术交流会议中的应用

社会的发展，国力的强盛，使中国跨入了世界大国的行列，民族文化也逐渐传播到世界各地，武术作为中国的传统技艺，倍受世人瞩目。国家对传统武术的挖掘工作迈上了一个新的台阶，各种交流为主的民间传统武术会议也如雨后春笋般召开，速录技术也被广泛应用于各种大中型交流会议和讲座中。各种传统武术的研讨会与讲座中，特邀到的民间武术家以及与会领导相互发表自己对民间传统武术传播看法的独到之处，只有快速将其的讲话内容记录下来并制成手稿形式收藏以供相关人士学习交流才能达到在相互交流中学习与进步的目的，速录技术在此就有了用武之地。

（四）速录技术在竞技武术中应用

作为一种武术传播辅媒，速录技术与竞技武术也有着不可分离的联系。在各种重大的国际比赛中，讲解员的一言一语都能为观众提供最新的消息，而讲解员的语言配以字幕更是让观众有更深层理解。

进入科技时代，武术要适应时代的发展而生存下来，传播的途径就成为一个不可缺少的重要内容。作为一种武术传播辅媒，速录技术有他独特之处，用手指追赶声音的奇迹在此展现。不可否认的是速录技术的普及是一个

漫长的过程，当今社会的很多人都不明白速录技术是什么，有什么用途，甚至从来没有听说过有这样一个行业。尽管速录技术在中国起步较晚，却取得了突飞猛进的发展，达到了世界先进水平。在当今快节奏的工作与生活中，速录技术与民间传统武术的融合会达到一个前所未有的深度。有学者认为，两千多年前的汉朝时期，速记就已在中国萌芽，当时的文字由“隶书”演化为“草书”就是为了实现快速书写的目的。在那个尚武的年代，没有影像录音技术，唯一为后代留下来的武术资料就是文字版的书籍，足见速记技术在古代冷兵器时代所占据的地位之重。中国民间武术是中国文化重要的组成部分，而今面临着越来越多的传统拳种失传的困境。唯有在国家的支持下继续挖掘整理，运用现代化的手段作为武术的传播媒介，方能挽救中国传统武术。

第六章　大数据时代武术文化产业与互联网的融合

几经岁月淘洗后的历史，留给后人的只有文化。武术做为中国传统文化的血脉，历经历史洗礼，经过长期迷惘、探索迂回的近代转型期，必将借此东风吹响复兴的号角重新进入人们的眼帘，摆脱中国传统武术“传而不统”的尴尬困境。本章对大数据时代武术文化产业与互联网的融合进行了分析，在具体了解前，我们先确认下几个概念。

一是文化产业概念。联合国教科文组织将文化产业解释为“按照工业化标准生产、再生产、存储以及分配文化产品和服务的一系列活动，目标是追求经济利益而不是单纯的为了促进文化发展”。结合我国文化事业发展的实际情况，文化产业可总结为：“以满足社会大众文化需求为目的，以市场调节为资源配置方式，从事文化产品生产和提供文化服务的经营性活动的行业总称”。文化产品涉及面大，一切与文化相关的行业均可作为文化产业的一部分。

二是武术产业概念。“武术产业是以武术为支撑，向社会提供相关武术产品和服务的一切经济活动以及相应经济部门的总称。”武术产业是体育产业的一部分，同属第三产业—服务业。随着社会经济的不断发展，武术产业与文化产业相互交融、相辅相成，文化产业为武术产业的发展搭建了平台，武术产业丰富了文化产业的内容。

三是互联网产业概念。互联网产业是指以新兴的互联网技术为基础，为经济发展提供有效服务的综合性生产活动的产业集合体，是我国经济发展和其它产业发展的重要基础（诸如文化产业、体育产业等），为其他产业网络化资源的开发、利用、研究和信息的传递提供有效服务。

四是产业融合。产业融合是指不同产业或同一产业不同行业相互渗透、相互交叉，最终融为一体，逐步形成新产业的动态发展过程。

第一节　文化产业发展和“互联网+”模式的特点

一、文化产生发展的特点

（一）涵盖面广、起步较早

作为集知识、劳动、智力为一体的朝阳产业，文化产业（Culture Industry）与传统的资源型产业和资本型产业大有不同，它涵盖了新闻、出版、媒体、艺术服务、娱乐休闲、文化用品等各个行业，是各个行业文化现象的集合体。表6-1是国际上对文化产业的分类，这种分类充分体现了文化产业的包容性与广泛性。

表6-1　文化产业分类

分类	行业
生产与销售以相对独立的舞台物态形式呈现的文化产品	生产与销售图书、报刊、影视、音像制品等行业
以劳务形式出现的文化服务	戏剧舞蹈的演出、体育、娱乐、策划、经纪业等行业
向其他商品和行业提供文化附加值	装潢、装饰、形象设计、文化旅游等行业

我国文化产业的发展大致可分为三个历史节点：改革开放后，百业待兴，百家争鸣，文化复兴，文化企业、文化娱乐业开始出现，文化事业得到发展；加入WTO后，国内的文化产业加快了与国际文化产业的交流，拓展了发展路径，成为我国经济发展的一次契机；从2009年9月份的《文化产业振兴规划》到国家“十二五”时期文化改革发展规划纲要，从《关于促进文化产业发展的若干政策》到国家“十三五”时期文化产业发展规划，国家从2003年至今不间断地推行各种文化产业政策，意在确保文化产业进程的安全性与文化产业发展的永续性，并积极引导文化企业的投资方向，文化产业已然成为经济发展、社会繁荣稳定不可或缺的强大动力，已经上升到国家复兴的战略定位。

（二）发展趋势迅猛

2014年10月15日，习近平总书记在全国文艺工作会议上指出：“增强文化自觉和文化自信，是坚定道路自信、理论自信、制度自信的题中应有之义”。近年来，以习近平总书记为领导的党中央高度重视国家文化软实力的建设。意在提高人们的精神生活水平和思想形态认识，加快文化事业的发展。以文化为突破口来打开传统文化的通道，来更好诠释中国风，以文化复兴助推中国梦。我国从“十二五”《纲要》中首次提出：“未来五年要推动文化产业成为国民经济支柱性产业”。到“十三五”《规划纲要》中：“文化产业发展的主线是提质增效”。再到中央关于深化文化体制改革的《决定》中对发展文化产业的肯定。文化产业的发展在当今良好的社会大环境下迎来了难得的契机：国家政策的大力扶持、比较健全的文化制度和法规、优质的社会人群、良好的时代背景等成为了文化复兴的捷径，为第三产业的快速崛起及国民经济的发展献出了一份力。

文化产业的发展基于服务于国家的大方向下，承载着我国经济发展、文化传承、国家复兴的重任，是现代物质社会与人类精神文明的缔造者。不断

完善的经济功能、政治功能、文化功能、娱乐功能逐渐成为了衡量社会发展的价值标准，填补了国家在文化产业方面的短板。

文化产业的稳固发展直接加快了GDP的总体提高，文化服务业、文化产品制造业、文化培训业的发展逐渐满足了人们日益增长的物质与精神的需求，文化产业的经济功能无疑展现了其较强的实用性。文化作为国家与民族的特有属性，体现了自己的生存历史与生活状态，国家文化产业的发展，增加了国际间的交流与沟通，拓宽了国际社会认识中国的路径，为中国的政治外交活动增加了最为璀璨的一笔。数十年的发展，文化产业正以崭新的多元化姿态服务于社会、服务于人类。

随着经济的发展、社会的进步，人们对于文化产业的需求越来越大，文化产业的发展在未来社会将会处于举足轻重的地位。

（三）跨界融合能力强

随着国家经济的大力发展、国际地位的提高，大国的文化自信充分显示出来，国家对于文化产业的开发幅度也随之增大。近年来，我国文化产业和科技、金融、旅游、制造业融合发展的趋势日益明显，主要的融合领域为：数字内容、智能终端、信息媒体、应用服务。

文化产业与旅游产业近些年来一直是国家大力发展的两大产业。目前，文化产业与旅游产业相融合主要以文化旅游产业园和文化旅游基地的形式呈现，以文化促进旅游产品的创造、以旅游挖掘、推广文化的机制逐渐形成。杭州宋城景区的开发正是文化产业与旅游产业融合的成果，《宋城千古情》《吴越千古情》两部舞台剧就是历史文化融合旅游特色而推出的旅游产品，成为了杭州文化旅游的一张名片。再如西安秦始皇兵马俑历史文化景区、五台山佛教文化景区、世界音乐之都维也纳旅游区、好莱坞旅游区等优秀的文化旅游产业园案例，都是文化产业与旅游产业融合的产品。

文化产业与互联网的融合提高了文化产业的创意性与双向传播的能力。手机终端和社交媒体的普及给互联网带来了巨大的影响力：2016年中国的

微博月活动用户量达到3亿，移动端占比达90%；2016年微信用户数突破9.27亿，覆盖了90%以上的智能手机，占据了APP年度活跃榜第一名……网民正在以惊人的速度占领社交网络平台，并以音频、视频、图片的形式创造和传播信息。互联网的介入，提高了新闻信息与内容的发布量，激发了文学作品的创作与发布、影视作品和音乐作品的创作，每个人都可以拥有属于自己的网络创作平台。文化产业充分的将互联网的平台化、互动化、多元化的特性融入到自身的发展中来，从而更大限度地促进了文化产业智能数字领域、信息应用领域的发展，也促进了文化产业与旅游产业等相关产业的融合。

（四）文化消费形式多变性

文化消费是指：用文化产品或服务来满足人们精神需求的一种消费，主要包括教育、文化娱乐、体育健身、旅游观光等。文化消费是衡量文化产业进程中最重要的因子，而文化产品又是促进文化消费的决定性因素，所以要不断的创新文化产品来刺激文化消费，从而达到发展文化产业的效果。

当前我国正处于由物质消费向精神文化消费的转型阶段，人们对各种各样文化产品的需求不断加大，原创的中国文化也在面临着西式化更新。用西方的文化艺术来包装中国的文化内容早已屡见不鲜，如迪士尼中的中国元素、《卧虎藏龙》等国内电影中的国外文化、电影节或音乐节中的国外作品等，都是通过文化产品的创新、创意来刺激市场，促进文化消费。可见，新兴文化产品的推出对于文化产业发展的重要性。

随着文化产业的快速发展，文化消费的形式也变得多种多样，可分为直接消费和间接消费两种。直接消费是指对文化产品的直接消费，如书籍、杂志、电视节目、网络游戏等；间接消费是指因文化产品而产生的物质消费或场所消费，如电视、照相机、电影院、咖啡厅等。随着民众对消费追求的提高，消费产品的创新理念也在不断的升级，现在比较流行的消费形式有户外旅游消费、高端音乐会消费、优秀文化作品展消费、新型书吧消费以及迷你型KTV消费等。文化消费的多变性决定了文化产业的可持续发展性和永续性。

二、“互联网+”模式的特点

随着互联网逐渐应用于世界各个角落，商业化随之而来，并创造出全新的“互联网模式”，带来更多的机遇与挑战，继而向传统产业渗透，最终引起生产力的变革。

（一）产业融合性

如果说文化是各产业之间的粘连剂的话，那么互联网则是产业实现飞翔的翅膀。互联网模式的产生实则与产业的发展密不可分，它完美地将人流、物流、资金流、信息流融合到一起，创造出经济发展新模式。这与“互联网+”模式提出的初衷是如出一辙的。

互联网+农业，是一个典型的现代与传统结合的模式。互联网技术的投入，提高了农业的智能化、信息化和科技化，改变了传统农业的生产、加工、销售的各个环节，是国家惠民工程的巨大体现：互联网技术增加了农场式管理的控制性与有效性，推进了农田管理的改革制度；以互联网技术为支撑网络农业平台（类似B2B、B2C），提高了农产品的供给、销售的效率等。

互联网+工业，是利用互联网技术将人、机器、数据有效连接起来，是一场新的工业革命。智能机器人的研发，智能生产链的发明是建立在互联网技术上的；人员系统的连接、信息的及时分享、人与机器的操作等是建立在互联网技术上的；材料的实时分析，数据的及时录入与分析也是建立在互联网技术之上的。互联网与工业的融合，不仅提高了工作的效率，还降低了危险事故的发生。

互联网+教育，是教育事业的一场改革。如今的数字化教学模式、网络化课程学习等远程教育早已深入到普通课堂，在扩张教育规模的同时也增加了学习的多样性。互联网技术融入教育充分表现在教学环境、课程类别、教师教学方法、学生学习方式（如教育APP的研发）、教育部门教学管理、教师评价等，是教育事业一次全新而彻底的改革。

（二）产业发展推进性

互联网＋文化产业是一种典型的产业融合模式，它以文化产业为内容、发生在互联网上的交易，最终形成互联网文化产业的这一新业态。作为文化产业发展的新平台，互联网为文化产业的发展带来了新机遇、开拓了新的发展空间。近年来，电影媒体业、文化艺术、新闻出版、文化工艺品制作、传统文化培训业等相关文化产业都通过互联网平台的洗礼，对自身产品的生产、制作和传播有了突破性改变。互联网与文化产业的融合加快了图书、杂志、影像、报刊、音乐的数字化整合，数字化产品便是互联网文化产业的代表产物。文化产业只是诸多行业的受益者之一，在市场化潮流迅速发展的当下，互联网早已成为各个行业产业化发展的必备条件，“互联网＋产业＋”的融合模式已是必然趋势。

（三）信息传播的便捷性与高效性

“互联网＋”做为一个无边无际的平台，赋予了文化产业巨大的市场价值。网络的虚拟传播节省了传统媒体的印刷、运输、制作、发行的时间，所要发布的信息能够在短时间内送达。并且网络的传播不受空间容量的限制，网络所传播的信息巨大，可以忽略传播媒体的版面束缚。

（四）双边性

“互联网＋”的终极指向是万物互联的物联网，在模式的应用过程中加大信息流通的同时，对互联网发展短板的补缺及合作产业的有效信息进行及时输送都有着重大的意义。合作互赢，一方面推进了互联网体系的扩大完善，一方面带动产业的合作式发展，形成双边共建的格局。

三、产业跨界融合的大趋势

日本经济学家根草益（2001）曾经指出："产业融合为企业提供了扩大规模，扩大视野范围，开发新产品、新服务等巨大商机，企业会演化出新的组织形式"。

国内对产业融合理论的提出始于20世纪90年代，从最初的信息产业的跨界融合到现在的文化产业、农业、轻工业、旅游业、媒体业等诸多产业的全方位融合发展，跨界融合已然成为拉动中国经济发展的排头兵。产业融合就字面而言，是"跨产业"和"融合"两个词语的组合，但却涉及到更深层次的双向渗透、融合发展。跨界融合最主要的表现形式是跨文化融合、跨行业融合、跨地域融合、跨要素融合等等。"跨界"在于探索，"融合"在于交流，以文化产业与互联网为例：十七届六中全会《文化部"十二五"时期文化产业倍增计划》和十八大政府报告中都明确提出促进文化产业的跨界融合和多样化发展，以此拉动经济的发展；"互联网＋"的提出更是对跨界融合的一种执行方式，一个"＋"字就是对跨界融合四个字最好的诠释。如体育产业与文化产业的融合、农业与互联网的融合、制造业与物流产业的融合、文化产业与旅游产业的融合等，都是不同产业之间的合作发展。跨界交流、融合发展，新兴产业绑架传统产业、新兴产业间合作、传统产业间交流，在相互融合的同时寻求结合的良机，在相互融合的同时互补短板。

第二节　互联网推进武术文化产业发展的手段和方法

一、武术网络“微”平台

网络“微”平台，并不是空间意义上的小。相反，它是广义的，是大数据与大渠道的集合体，是众多行业突破和产业现代化所必备的交流与推广工具。

互联网打造的诸如APP、主流网站等平台，就是实现武术推广与发展的一个突破口。是武术理论知识、技术训练、武术文化、武术演变历史、武术发展规模、武术产品、武术课程、武术媒体、武术医学养生、武术旅游等最佳的推广与营销的“微”平台。像现在非常流行的以微信为载体的APP，成为现代人每天沟通、获取知识的软件。如健康猫、武术人、中华武术、太极拳、功夫者、微武术、悦太极、搏击联盟、爱武术等微信APP，都是广大武术爱好者使用微信时所能耳熟能详的。它们承载了武术训练视频、武术养生方法、武术文化讲解、武术历史研究、武术产品介绍等多种功能，能够让人深入全面去了解武术。APP平台集合了视频、音频于一体，实现了信息的共享及信息的新颖性。

二、武术网站

自1994年互联网进入我国以来，各行各业与互联网的交融都日益密切，五花八门的网站如雨后春笋，网站的建立在很大程度上加快了对各行各业的宣传与推广，促进了双边信息的交融。武术也不例外，我国的武术网站无非

两类：官方武术网站和民间武术网站。武术网站的建立是互联网推进武术现代化发展的有力工具和重要手段，中华武术网、中国武术协会网、中国功夫网、少林寺官网、中国太极拳网等武术主流网站每天或每几天所发布的武术方面的信息量惊人，大多数的网站都秉承着宣传武术文化、推广武术拳种、介绍武术赛事等与武术密切相关信息的宗旨。武术网站的运营在绝大程度上体现了中国武术事业的发展，在武术现代化发展的转折点上具有里程碑意义。

三、武术“O2O”模式

O2O（Online To Offline），是指：“将线下的商务机会与互联网结合，让互联网成为线下交易的平台，概念的提出最早源于美国”。O2O模式是现代经济发展的一种新模式，线上运营线下发展，共同整合优质资源。自2013年O2O模式在商业模式中高速发展以来，O2O商务模式便广泛开展于各行各业。现代微商的发展大多是建立在此模式的基础之上，实现线上销售的一个分支。

O2O营销模式的快速开展也成为了商业发展的契机，在线支付平台的建立拉动了生活方式的变迁，如饿了么、美团外卖、百度糯米、手机淘宝等都是O2O模式发展的产物，通过线上支付、线下生产的方式进入到生活的各个方面。可以说O2O已经发展到交通、娱乐、食宿等生活的各个角落。

武术便可以借鉴O2O模式，建立独立的网上商城及网站认证，并且制定系统的营销推广策略。进行线上线下互动，形成武术独特的电子商务模式，攻克武术线上平台构建的难关，充实软件开发的能力，规避一切不利因素，打造一个“综合性O2O模式武术推广平台”。实现线上线下无缝对接，利用平台优势，无限可能的去融入武术元素、推广武术：在线上对武术产品、武术课程、武术文化、武术技术、武术场馆等进行包装，对武术的各种语言教学模式、技术训练技巧进行创新，对武术教育人才、武术需求者进行管理。在

线下开展武术技能培训、武术场馆的开发、器械服饰的制造、实体公司的创立、武术资源的整合。

武术借助O2O模式构建平台的优势在于：一方面传承另一方面发展，有利于整合武术资源，完善武术结构，将武术国际化推广，拓展其影响力；有利于实现线上线下的有机统一，提高武术网络平台的利用率，增加其社会影响力；有利于武术市场化的顺利前进，加速武术产业链的形成。

第三节　武术文化产业融合互联网的优越性

一、加快武术产业体系的构建

中国武术绵延千年，它的繁荣或是低迷大多建立在社会大环境的基础上，是中国朝代更迭、社会发展的一个缩影。其顽强的生命力塑造了武术一条跌宕起伏的发展之路。演变历程中1989年原国家体委将武术协会实体化，标志着国家正式将武术推向市场化；1995年，原国家体委正式强调将武术发展逐渐向商业化、产业化迈进；2000年12月，在武协制定的《2001—2010年武术发展规划》中：广泛开展武术产业的对外合作，形成开放式的武术产业开发体系；2016年6月23日，国务院在印发的《全民健身计划（2016—2020）》中指出：探索武术产业开发模式，鼓励社会力量投入。“周虽旧邦，其命维新”，武术在国家大力扶持的基础之上，在一片混乱之中终能探索出一条现代化的发展之路。在体育全面进军产业化大趋势下，作为中国优秀传统体育的代表，基于丰富的资源之上，武术走产业化道路更是大势所趋。武术运动有着丰富的群众基础，在武术人口与人才上具有得天独厚的优势，至2016年中国常年习武的人数大约在8000万，其中民间武术家、高水平

运动员、各级院校学员、高水平教练员占了很大一部分；中国武术起源于人们的智慧劳动、见证了中国千年命运的兴衰，可以说是中国千年文化的结晶，千年的文化底蕴为武术走产业化道路奠定深厚的基础；武术还拥有竞赛、培训、表演、用品、传媒、医学等一大批技术性资源，为武术的产业化道路提供技术支持；诸如武当山、峨眉山、少林寺等一大批武术圣地也是宝贵的旅游资源，成就武术产业的多元化发展。

在武术产业结构的划分上，虽众说纷纭，却是万变不离其宗。如秦延河、傅振磊在《试论武术产业中》将武术产业分为武术技术产业、武术用品产业、武术人才产业、武术文化产业，四个产业又分别对应不同的市场，不同的市场又下设各种武术商品，这是武术产业化比较细致的一个划分。而曹可强编著的《体育产业概论》中，将体育产业分为体育服务产品生产部门和体育物质产品生产部门两大类，与之相对应的武术产业也是分为如此两大部门，下设武术健身娱乐业、竞赛表演业、培训业、旅游业、用品制造业、媒体业、博彩业几个下设产业。二者或是更多的学者分类都各有各的巧妙之处，但都是基于武术产业的本质优势之上。在产业的划分与执行上，越细致越好推广，见表6-2。

表6-2　武术产业分类表

产业部门	一级产业	二级市场	三级商品
武术服务产品生产部门	武术技术产业	健身培训、竞赛表演等市场	学校武术、军队武术、武术表演、武术竞赛等
	武术人才产业	服装、器械、场地、纪念品、科教等市场	段位制管理、民间武术协会等、武术演员、武术经纪人等
	武术用品产业	服装、器械、场地、纪念品、科教等市场	拳种服装、各类护具、器械用品、武术教育、比赛纪念品等
武术物质产品生产部门	武术文化产业	媒体、图书、影像、旅游、博彩、医学等市场	武术彩票、武术旅游圣地、武术影视、武术著作、养生医疗等

庞朴先生说："任何一个文化既是民族的，又是时代的……民族性既是形式的也是内容的，时代性既是内容也是形式……传统既有民族性方面又有

时代性方面……”。中国武术的发展虽是历经挫折，但也是传承了下来，这便是顺时而谋发展，当下武术走产业化道路便是历史的选择。

第三产业的成熟化为中国经济的发展注入了强有力的动力，武术产业作为体育产业中的优势领域，可为中国经济的快速发展做出一份贡献；发展武术产业不仅可以拓宽武术的影响力度，还可以解决相当一部分武术的经费问题，对武术科研的发展、竞赛的举办、技术的发展、产品的研发、文化的传承都有着巨大的作用；武术产业化的发展在对传统武术的挖掘、整理中投入较大的精力，在武术整个体系（拳种、门派、技术风格）科学化的整理、恢复上也是个绝好的机会，找回逝去的武林，深挖消失的绝技。

二、促进武术与相关产业的融合

文化产业之所以发展势头迅猛、涉及面广，一方面源于自身的优势，另一方面得益于互联网的助推。互联网为文化产业的发展提供了便捷性的平台，加大了文化产业双向信息的传播能力；互联网促进了文化产业与相关产业的融合，架起了双边贸易的桥梁。

晚清之后，华夏大地处于内忧外患之际，武术无法按部就班地顺延历史的辉煌，自此便陷入了长期的迷惘徘徊、探索迂回的近代转型时期：习武人群锐减、拳种门派消逝、武文化褪色，武术处于青黄不接的地步，武林逐渐消逝，形势异常严峻。2012年11月29日，习近平总书记在参观“复兴之路”展览时强调：“实现中华民族的伟大复兴，就是中华民族近代以来最伟大的梦想。”2017年国务院出台了《关于实施中华优秀传统文化传承发展工程的意见》，意在全面复兴中国传统文化来维护国家文化安全和提高国家文化软实力，实现中国梦。在中国梦的时代背景下，武术的发展迎来了一次绝好的机遇。

武术与互联网融合发展最有深度的意义在于促进武术产业化的发展，为

武术产业体系的完善提供技术层面的支持。在互联网与体育项目之间不断交融并实现产业化的趋势下，互联网与武术的融合显得更加紧迫了。互联网在武术实现复兴的当下，既起到产业之间的沟通的桥梁作用，也是产业融合的对象。武术产业与互联网产业之间有诸多交集，武术产业链的形成、武术网络市场的开拓都是二者产业化之间的融合结果。

（一）武侠影视

武侠影视是中国影视圈区别于世界上其他影视作品的区域性符号，备受各大导演及投资方的青睐。现在的武侠作品最重要的部分是剧本编写的好坏和后期制作的优劣。这里后期的制作对互联网的要求极高，如宏观场面的制作、画面质量的调控、音质的调解、动作的细化和播放速度的调控等，都需要强大的互联网技术的支持。《英雄》是一部不折不扣的武侠题材的电影，全球票房14亿元人民币，被《时代周刊》评为2004年全球十大佳片第一名。其成功背后一方面是互联网的推广传播，再者就是网络技术的开发对电影技术的强有力的支持；再者如登上中国电影票房冠军宝座的《战狼2》，这也是一部宣传个人英雄主义与国家凝聚力的现代武术题材的电影。互联网先进的营销模式为《战狼2》的空前成功也起到了决定性的作用。

（二）武术网络游戏

网络游戏的开发深深的影响了一代人，其画面的新颖性与故事情节性吸引了不同年龄层次的人。网络的魅力是无限的，虚拟世界的开拓摄人心魄。游戏中网络语言的编辑、二次元人物的塑造、不同服装的设计、人物动作的组合等都是网络技术的数字化编程。网络游戏区别于传统游戏的按部就班，它是互联网虚拟化的组合。

（三）武文化旅游

互联网促进了武术产业与旅游产业的交融，在武术几千年的发展与演变

的历程中，留下了前人修身养性的地方，这些地方自古以来就因为武术而出名。在互联网发展迅速的年代，又利用互联网的信息传播便捷性的特点去宣传旅游项目。

“武术＋旅游”正不断成为武当、少林寺这些传统武术圣地旅游升级的转型方式。武当山每年大约吸引30万的海外游客，相比游山玩水，学习武术对游客们的吸引力更大，“武术＋旅游”已然成为武当对外宣传的一个新品牌。和武当山一样的旅游圣地，还有四川的峨眉山、河南的嵩山、温县陈家沟等，在互联网的助推下，“武术＋旅游”的形式将逐渐取代传统的旅游方式。

（四）武术服饰

自古至今，武术服装的辨别度都很高，各门派服装的款式、颜色都不相同，蕴涵着丰富的门派文化。经过千年的历史演变，各门派武术服装虽然在款式和材质上面都略有改变，但基本的辨别度还是很高。比如少林的僧服，贴身而简单，外加绑腿，师傅是黄色，徒弟是灰色；武当的道服，轻盈宽松，外加白纱。

近年来武术服饰的普遍化趋势明显，武术服装不再仅仅是习武人身穿的训练服，也逐渐大众化起来，成为民族服饰的代表。各大网上商城武术服装的品种样式繁多：一部分武术服装趋于正式，融合了中山装的立领式；一部分趋于休闲，打造了棉麻T恤款等。互联网技术的运用，使武术服装在创意、创新上都有很大的进步。

三、刺激武术消费市场的开拓

文化消费是检验文化产业发展的“试金石”，是促进文化产业发展的“助推器”。文化产业所涵盖的所有领域都存在着文化消费，正因为这些消费的集中呈现，才加快了文化产业的快速发展。影视的消费、民族歌舞艺术的消费、饮食文化的消费、乡村旅游的消费、文化娱乐的消费、商品包装的消费……文化产品的多样性从而刺激了文化消费的多样性。

传统的武术消费形式落后而单一，武术服装与武术器械、武术书籍的消费形式已经远远满足不了武术未来的产业化形式，服装与器械的受众群体十分有限。作为一项传统文化，武术要擅于利用互联网思维让传统文化不传统，让传统消费现代化。武术的现代化消费可以通过互联网技术打造武术圣地的旅游消费、武术影视消费、武术文化演出的消费、武术户外拓展的消费等，借鉴文化产品的消费经验，保留自身的传统特色去尝试推出现代化的消费模式。

四、促进武术在线产品的开发

（一）课程产品的开发

时代在进步，国际形式严峻，人们对于精神生活的追求在不断改变，但唯独对自身的安全及健康的重视度永远不变。在越发达的地方，外界的压力与潜在的危险越大。所以，“互联网＋武术＋健身”“互联网＋武术＋防身”的新课程产品应运而生。随着专业健身APP的推出，健身人群可以根据自身的需求，网上预约教练，教练根据身体条件来制定运动方案，然后边训练边做网络数据分析，及时了解身体情况；“幼儿武术防身”“女子防身术”都是根据社会走向而推出的新产品，训练根据实战与虚拟现实技术相结合的形式，以提高训练效果的真实性。

（二）旅游产品的开发

互联网技术的腾飞速度，交通工具的奔驰速度，旅游产业的发展速度都是正比化的存在。途牛、携程、同程等旅游公司在旅游线路的开发上都不约而同地利用网络平台，实现旅游资源的共享、旅游项目的特色开发。如同程

旅游最近推出的新产品："欧洲十日游""新马泰十日游"等，都是网络数据的分析推出的新产品。

而武术旅游胜地虽说很局限，但仍旧有着巨大的市场。通过对嵩山、峨眉山、武当山、九华山、衡山等诸多武术门派发源地的资源大数据的分析，针对不同的人群，推出系列套餐服务。

五、提高武术教学及科研的效率

高校是武术教学和科研的前沿阵地，可以说是中国武术发展的未来。随着互联网的介入，武术教学及科研的效率大大增加。武术教学可以通过多媒体教学、视频教学与实体教学相结合、视频自学的多种方式进行武术教学，使武术动作的讲解更加直观化。

知网的建立以及分批次布局、分批次开放都是建立在互联网技术的发展之上的。知网的进步，加快了武术科研工作者搜集和筛选信息的速度，开放了武术科研工作者对课题的视界，打开了其思维方式，加大了武术科研的时效性。

六、接轨国际，弘扬中国武文化

互联网是专业性的宣传工具，它可以不受地域和时间的限制，让信息的传播更加无限、快捷、便利，为武术的国际性宣传提供了技术支撑。或许因为一个人、一部电影、一首音乐，就能让了解武术的人越来越多。武术文化是中国传统核心文化的重要组成部分，宣传武术文化就是宣传中国。目前网络的传播载体主要有网站、论坛和各种社交软件，应充分利用，让世界知道武术的"天人合一""形神统一"。

第四节 武术文化产业融合互联网的对策

一、复合型武术网络人才的培养

复合型武术网络人才指的是既有武术技术或是武术知识，又有武术之外互联网专业知识背景的跨界型人才。武术发展距今已有近4000年的历史，每个历史阶段都有很多优秀的武术人才，每个武术人才都有着自己独特的习武经历与看家本领。其中，跨界方面的人才不再少数：明代戚继光，不仅是一位武术方面的人才，还是杰出的军事家、书法家、诗人；清末民初的黄飞鸿，是位武术家，一代武术宗师，更是一位医技精湛的中医等。而应时代的发展，互联网已然成为生活的必备技能，一个不能合理运用互联网的人终将被现代社会所淘汰。武术的未来发展也是需要更多的对互联网技术能够熟悉掌握、对互联网动向能够明确洞悉的武术人，他们能够助推武术的发展趋向、宣传武文化、优化武术教学等。

随着市场经济的大力发展以来，很多武术的传承人都离开人世，而“艺随人走”的现象已经很普遍，按照这样的发展速度，终有一天我国优秀的武术人才和武术技能会消失殆尽，复合型武术人才的培养迫在眉睫。

二、“互联网＋武术＋”市场营销模式的运用

“互联网＋武术＋”，是现代产业跨界融合的典型模式，也是产业现代化发展所需要的。“＋”不是单纯的结合或合作，是“跨界融合”四个字的最完美的诠释。对于逝去武林的重新挖掘不应盲目的去整理、去搜寻、去破坏武术自身的生存之道，应学会顺势而行。在产业融合的大时代下，武术应

擅于结合身边的优秀资源，拓宽发展模式，打造一个“互联网+武术+”营销发展模式，去逐渐适应市场化需求。

营销的对应词汇就是产业化与市场化。武术的现代化发展，抛开其自身的庞杂体系与推广力度来说，究其本因还是管理机制和运行机制之间的不协调。“在买方市场，竞争激烈的现代社会，发展武术产业必须树立现代市场营销观寻找契合点，即以满足需要为中心开展一切活动，谋求消费者满意、社会发展和经营者利益三者间的最佳平衡。”营销即是为了生存，武术的市场营销仍属于一片盲区，在政府职能的直接支持下应加大对市场的探索，制定出一套系统的营销策略，树立起一个武术营销理念的标杆。营销的目的就是要推广武术产品和解决目光汇聚问题，一方面拓展武术自身的影响力，另一方面解决武术的经济效益。武术的营销方式有多种：树立武术品牌，这是一张名片，武术要想长期发展就要通过各种方式来宣传自己的品牌，产生品牌效应，这是第一步；打造武术明星、培养武术经纪人团队，这是当下比较流行的团队建设，基本上一个优秀运动员（如姚明，李娜）的背后都有一个团队进行服务，会产生一群人服务一个人到一个人带动整体的发展效果；主动寻求专业的营销公司和计算机网络公司，强强联手，各取所长，能够产生先进的营销方案；还有武术产品的营销，这就取决于研发中心的推广，营销即是推广，武术要想快速融入现代化发展中，营销方式必不可少。

三、武术新媒体的开发（APP）

武术APP近年来的开发虽也成井喷状态，但行之有效的少之又少。健康猫一键式体育APP是近来非常流行的综合体育应用软件，注册教练12万人，包含了武术、篮球、田径、健美操等，为很多体育专业服务，基本网罗了高校体育专业的所有学生，是一款集网上约课、网上约朋友、网约场馆、网上体育商城、武术晋段为一体的体育APP，虽然线下的实体店做的不如人意，却是

“O2O”模式的大胆尝试。武术APP的开发应该创新而全面，应该囊括武术文化理论讲解、武术课程预约、武术视频教学与分享、武术商城、武术段位晋升、武术新闻更新、武术用品制造等所有服务，形成一种独特的互联网APP文化，成为一种新的武术生活方式。

四、武术高质量网站的构建

武术网站的构建其实就是武术网络门户的构建。武术网络是一个大门户，内含小门户，比如可以将中国武术分为七大拳系和一些少数民族特有的武术，这样就可以建立八个小门户，少数民族武术另为一个小门户。对于每个门户页面设计要标新立异，充分反映门派与拳种的历史文化特点，在八个门户中再各自介绍自己的历史文化、门派情况、历史名人、拳种名称、拳种风格、拳种数量、拳种隶属哪门哪派、门派建筑、特有服饰、特用器械。然后再逐层针对拳种的历史文化、训练技巧进行网络视频的讲解或是直播；对于好的训练方法、优秀武术舞台表演视频、武术训练个人技巧秀等进行网络分享；对于门派特色的旅游圣地、古代建筑、门派特有的器械要积极放在门户网站上推广，让人一目了然。武术门户的构建一方面承载了武术自媒体，另一方面构成了一条武术即时信息传播的通道，达到了武术“受众需求，受众发展”的目的。

第七章　大数据时代中国传统武术文化与非物质文化遗产

作为国家文化实力的重要组成部分，传统武术具有重要的现代价值。发展和弘扬传统文化，使传统武术走出国门，在世界的舞台上展现其独特的魅力和文化内涵，能够增强民族凝聚力，提升民族自信心和自豪感。同时，其具有巨大的市场潜力和经济价值，例如传统武术培训、传统武术节、武术格斗比赛等能够创造经济效益。此外，传统武术的核心价值理念也具有重要的推广意义，具有一定的道德教化作用，能够帮助人们树立正确的价值观。因此，做好传统武术的保护和传承工作是现代社会发展的必然要求。

第一节　中国传统武术发展与非物质文化遗产的关系

一、传承传统武术的意义

传统武术是中国传统文化的重要组成部分，是祖先在漫长的历史中创造和积淀下来的传统文化，集中体现了中国人的审美情趣、价值取向、人生

理想等行为观念，在构建中华文明的进程中作出了重大贡献。传统武术充分体现了我国各民族共有的文化价值观念和审美理想，它既有与体育活动相关的技术技能、器材制作、比赛规则等身体运动内容，又是与各民族的社会特征、经济生活、宗教仪式、风俗习惯、历史文化息息相关的传统文化现象。体现着中华民族的生命力和创造力，在体育文化的物质层面、行为制度和精神层面上都能反映出特定的民族性。传统武术由“物质”和“精神”两方面构成，物质是指传统武术物化形式，如器械、拳谱等有形载体；精神是指传统武术的智慧、经验等无形技艺，如技术理论体系、选材传承方式等。虽然上述两方面相辅相成，但传统武术主要是以知识和技能的形式存之于世，精神因素决定着物质因素，所以符合非物质文化遗产的要求，应该被列为非物质文化遗产进行保护，特别是在农耕文明逐步解体的中国现代社会，保护的当务之急是将传统武术原汁原味地记录、保存下来，或者为其提供一个生存空间，为传承中华文明做出应有贡献。传统武术的多样性是世界文化多样性的生动体现，是人类创造力的表征，是人类可持续发展的重要保证，是密切人与人之间的关系以及人们之间进行交流和互相了解的重要渠道。

二、传统武术属于非物质文化遗产

非物质文化遗产是指各族人民世代相承的、与群众生活密切相关的各种传统文化表现形式（如民俗活动、表演艺术、传统知识和技能，以及与之相关的器具、实物、手工制品等）和文化空间。非物质文化遗产是一种不断运动着的活态存在，活态流变性是它的主要特征。国际公约文件和我国政府文件制定的认定非物质文化遗产项目的标准，大体可归纳为下面几项：（1）具有杰出价值的民间传统文化表现形式或文化空间；（2）具有见证现存文化传统的独特价值；（3）具有鲜明独特的民族、群体或地方文化特征；（4）

具有促进民族文化认同或社区文化传承的作用；（5）具有精粹的技术性；（6）符合人性，具有影响人们思想情感的精神价值；（7）其生存呈现某种程度的濒危性。

从非物质文化遗产的视角，按照上述标准审视传统武术可以发现，传统武术完全符合上述标准，可以归入到非物质文化遗产类别中。

（一）传统武术具有杰出的民间传统文化表现形式和文化

文化空间是国际非物质文化遗产保护工作中频繁出现的词汇，1998年11月联合国教科文组织通过的《宣布人类口头和非物质文化遗产代表作条例》中对“文化空间”所作的界定是：“一个集中了民间和传统文化活动的地点，但也被确定为一般以某一周期（周期、季节、日程表等）或是一事件为特点的一段时间，这段时间和这一地点的存在取决于按传统方式进行的文化活动集中的地区，或某种特定的、定期的文化事件所选定的时间。”《中国民族民间文化保护工程普查手册》认定文化空间是“定期举行传统文化活动或集中展现传统文化表现形式的场所，兼具空间性和时间性”。

比如，少林功夫是以“少林寺僧人演练的武术为主要表现形式”“以佛教神力信仰为基础，充分体现佛教禅宗智慧”的体育项目，它产生在嵩山少林寺这一特定的佛教文化环境中，是在特定地点（少林寺）、特定时间（日程表）按传统方式（武术演练）进行的有特定含义（禅武合一）的“文化空间”。

（二）传统武术具有见证现存文化传统的独特价值

中华民族有着五千年的悠久历史，历史不是单纯的由文物、建筑群、遗址所构成，历史更多的存在于民间鲜活的文化传统之中。《纪效新书》上面记载的“三十二势长拳”早已经成为历史，但陈式太极拳把“三十二势长拳”的精髓很好地继承了下来，透过陈式太极拳仍然依稀可以分辨“三十二势长拳”的风采。

沙河藤牌阵是我国古代战场实战只所运用的项目，现仅存于河北沙河十

里铺村，当地人称为“打藤牌”，已经有三百多年的历史。藤牌阵使用的武器除藤牌外，还有短刀、三齿刀、长矛、木棍等，开战时常设为二人对打或多人对打或一人防守多人攻打。持藤牌、短刀者为守方，藤牌用于防御，短刀锋利可削铁甲，可谓攻防皆备。实战时藤牌阵法变化无穷，常见的有一字长蛇阵、八卦连环阵、梅花五方阵、四门迷魂阵、八门穿心阵等，阵容可随实战需要扩大到成千上万人。藤牌阵法攻防兼备，变化莫测，反映了我国古代军事阵法的丰富内涵。

（三）传统武术具有鲜明独特的民族、群体或地方文化特征

保护非物质文化遗产，不在于出了多少本书、拍了多少部纪录片，开了多少次研讨会，也不在于仅依靠申报国家名录、靠政府投资拨款、靠发展旅游业等，如果说这些都很重要，那更重要的是如何才能让基层社区、地域社会或族群的居民认识到非物质文化遗产对他们自身和对整个国家的价值与意义。非物质文化遗产通常首选表现为地域性，脱离了地域的基层社区，就会变质、枯萎。

传统武术也被深深地打上了地域的烙印。文化不仅是一个国家和民族历史成就的标志，也是许多民族、群体、社区的基本识别标志，体育文化尤为如此。在国外，功夫和中国是同义词，跆拳道则等同于韩国文化。世界文化是多元的，这种多元性奠基于各民族、各地域多姿多彩的特色文化，乡土性以其浓郁的民族风情充实着世界的多元性，所以说越是民族的，才越是世界的。

从全球视野来看，武术是中国文化的标志；从中国范围来看，各具特色的传统武术是各地域文化的象征。为了保持地方特色，免予陷入“千城一面”“千村一面”的现代化建设困境，大力发扬地域武术文化不失为一个明智之举。北人善骑，南人善舟、南拳北腿、东枪西棍等说法无不在说明由于地域环境的限制而造成的传统武术项目的丰富多样性，这一多样性因为长达千年的农耕文明的封锁自守而得以固化，所以产生了诸如沧州武术、武当武术等极具民族和地域特色的武术文化特征。

（四）传统武术具有促进民族文化认同和社区文化传承的作用

一提起李小龙、成龙、李连杰，人们马上想起“中国功夫”，武术作为中华文化的代表，已经成为促进民族文化认同的纽带，起到标志族群身份的作用，正如说起霍元甲让人们联想到旧时代“东亚病夫”的耻辱，说起太极拳体会到行云流水、轻灵安逸的传统文化神韵一样，传统武术在特定的社区内起到了传承文化的作用。

（五）传统武术具有精粹的技术性

中华武术以其博大精深的哲理和技术，吸引了世界各地的武术爱好者来学习、交流、切磋。所有这一切，都是因为传统武术具有精粹的技术性，激发了人们的好奇心和参与热情，并在体会技艺的过程中了解了传统武术背后所代表的民族文化。如南拳技法要求稳马硬桥、脱肩团胛、五合三催；八卦掌激发要求具三形备三势、三空三扣、三圆三顶、四坠四敏，等等。

（六）传统武术具有影响人们思想情感的精神价值

练习传统武术不仅是为了锻炼身体，还要升华人们的道德情操；不仅要劳其筋骨，还要苦其心志；未曾习武先修德，习武的终极目标是提升个人的道德修养。学习传统武术时，除技术学习之外，还要学习门规戒律等，在潜移默化中影响着人们的精神价值和思想情感。如少林有“练功十忌”：“一忌荒惰，二忌矜夸，三忌躁急，四忌太过，五忌酒色，六忌狂妄，七忌讼棍，八忌假正，九忌轻师，十忌欺小。”“洪门”昭告成员：“吾宗之练习此术（指洪家拳），仍有爱国思想存于其间。诚肯筋骨废弛，不能报国；东海可移，此志莫易；磨炼筋骨，留意有待。”《苌氏武技书》说：“凡是恭敬谦虚，不与人争，方是正人君子。”等。

（七）传统武术的生存出现濒危性

传统武术生长于农耕文明，在工业化浪潮席卷中国的今天，其生存状况

岌岌可危。很多传统武术项目不是奥运会、全运会上的金牌项目，甚至进不了少数民族运动会和农民运动会，不能引起地方政府的重视，保护和发展的力度不够，处于自生自灭的状态。同时，传统武术扎根在农村，大量的适龄劳动力进城务工，使其后继无人，生存空间越来越小，最终趋于湮灭。虽然20世纪80年代有“挖整”工作，每年还有大量的各类武术比赛，但是随着老一辈武术家的离世，传统武术还是日渐凋落。

为了继承优秀传统文化，弘扬民族精神，促进社会主义精神文明建设，在非物质文化遗产保护成为国际共识的时代条件下，保护和传承传统武术具有重要的历史意义和深远影响。

第二节　基于非物质文化遗产视角构建武术传承评价指标体系

一、非物质文化遗产视角下的传统武术传承情况

根据国务院先后批准的2006年第一批（共518项）、2008年第二批（共510项）、2011年第三批（共191项）和2014年第四批（共153项）国家级非物质文化遗产名录，合计1 372项国家级非物质文化遗产。其中，传统武术作为我国传统文化的瑰宝，在我国非物质文化遗产中占据了重要的位置。在第一批名录中，就包括了少林功夫、武当武术、太极拳等6项传统武术。在第二批名录中，传统武术所占比重进一步扩大，共14项传统武术项目入选，包括峨眉武术、八卦掌、心意拳、螳螂拳等。在第三批名录中，又增加了通背缠拳、华佗五禽戏、十八般武艺等项目。在最新的第四批名录中，咏春拳、两仪拳、梅山武术等项目也被列入其中。可见，传统武术一直以来占据了“传

统体育、游艺、杂技”类目的半壁江山，是我国重要的非物质文化遗产。在传统非物质文化遗产的传承中，代表性传承人发挥了重要的作用。传承人通常是指直接参与非物质文化遗产传承，掌握并具备相应知识和技艺，使非物质文化遗产能够得到传承和延续的个人或群体。可以说，传承人是传统文化得以流传和发展的重要载体，是非物质文化遗产项目的守护者。据统计，“国家级非物质文化遗产传承人”名单已有1 986人。除了文化的传承人，传承基地对于非物质文化遗产的传承同样具有重要的意义。作为文化传承工作的重要物质载体，应重视传承基地的建设，加快对传承基地的推广和评选等工作，在文化生态保护区，建设博物馆、展示馆等，为传统文化的传承创造物质基础。

二、传统武术传承评价指标体系的构建

（一）传承评价指标体系构建的原则

评价指标体系的构建首先应有一套较为科学量化的指标，体系指标的选择是整个评价指标体系的核心部分，直接关系着整个评价指标体系的有效性。指标体系构建的原则主要包括科学性、系统性、层次性、区域性、动态性、静态性、有效性、实用性、导向性、可比性、灵活性、可操作性等，坚持较为适宜的构建原则是形成科学合理评价指标体系的第一步，同时，也是较为重要的一步。笔者认为的指标体系构建的基本原则主要为科学性、层次性、可操作性。

1.科学性

传统武术传承评价指标体系的选择必须遵循传统武术的发展规律，指标体系的设计应反映出传统武术的主要发展趋势，符合传统武术的基本发展方向。笔者所坚持的科学性原则涵盖系统性、合理性、有效性于一体，通过采用科学的研究方法和手段，在指标体系的筛选、专家团队成员的选择、问卷

数据后期处理等方面都坚持科学性的基本原则。在指标体系的筛选上，致力于体系的指标能够符合传统武术的发展需求，能够激励传统武术传承主体的有效传承，能够促进传统武术的发展；在专家团队成员的选择上，通过对专家成员基本信息的收集，从而进行较为详细、认真的比较与筛选，在能力范围的基础上，组成了较为科学的专家团队；在问卷数据后期处理上，通过对大量方法学书籍进行研读，并在相关方法学专家的指导下，运用较为先进的科学仪器及软件进行了科学化处理。还通过运用科学的手段对可能存在及预计出现的问题事先进行猜想和排除，达到了最大程度上的科学化。

2.层次性

评价指标体系的层次性原则主要是指指标体系自身的多重性和系统性，层次性原则与系统性、整体性原则相结合，重点对指标的层次性进行了系统有机整体的设计。指标体系由多层次结构组成，这一体系作为一个有机整体，不仅应该体现层次性，还应该具有系统性，能够从不同层面、不同方面来反映这一体系的真实情况。需要注意的是，层次性指标体系的设计上，研究从五个主要方面展开，并延伸了11项次级层面和37项最外级层面，这一体系在横向上实现了有机统一。而在纵向层面，5项一级指标从5个不同层面，贯穿整个传承活动的始终，体现了较高的层次性；11项二级指标既是一级指标的延伸，同时也各有特色，体现了不同层面传统武术的构建主体；37项三级指标是由第一轮专家问卷中的70项指标不断修正及增删而最终获得，修改比例达52.86%，修正后的指标均能够较好地体现及代表各自所属的方面或领域，整体协调性及层次性较强，充分地体现了指标体系层层递进、层次分明的关系。

3.可操作性

传统武术传承评价指标体系建立的主要目的是对传统武术各拳种的发展现状进行科学合理的评价，将指标体系真实的应用于传统武术的传承过程中，起到有效监督的作用，进而促进传统武术的发展。指标体系可操作性在将指标最大量化的基础上，将定性指标与定量指标、静态指标与动态指标进行了有效结合。传统武术传承过程中，不可控因素较多，传承指标的选择既要考虑具体的量化，也要考虑一部分评价内容的不可量化性。以技术的创新度、技术的变异度等指标为例，在操作层面上只以定量的方式进行执行较为困难，在评价过程中也较难进行分辨，所以，只能通过用定性与定量相结合的方法进行评价，以实现指标体系的可操作性最大化。在静态与动态指标相结合方面，从遗产相关器具及制品的数量、完好程度等静态指标入手，与遗产的记录、储存、建档、共享、整理与出版等动态指标相结合，实现了静态指标与动态指标的有效结合。

（二）传承评价指标体系构建的方法

对事物进行评价是社会发展的必然趋势，通过对事物进行多层次、全方位的科学、系统、客观的评价，有利于事物的研究并有效地指导事物发展的实践。由于评价的综合性较强，因此也叫作“多指标综合评价方法”。通过将现有的评价方法进行分类，可以将其划分为主观赋权评价法和客观赋权评价法。其中，比较典型的主观赋权评价法包括综合评分法、指数加权法、德尔菲法等。客观赋权评价法中，较为常用的如主成分分析法、神经网络分析法等。以德尔菲法为例，主要包括筛选指标框架、设计调查问卷、专家讨论和论证、修正问卷、确定最终指标、数据分析处理等几个基本流程。其中，对专家的要求较高，一方面，需要专家具有足够的专业水平和较强的代表性；另一方面，在专家数量上，要求专家人数保持在10～20人，并且在专家的论证和修正时，通常需要经过2～4轮，才能统一专家意见，形成指标体系。目前，在武术研究领域，德尔菲法已经得到一定的应用实践，例如《全国“武术之乡”综合评价标准设计》以及《武术训练课质量评估方法的研究》等，德尔菲法在“武术之乡”“武术训练质量”等指标评价方面表现出了良好的实践效果，具有较强的科学性和实践性。

（三）传统武术保护和传承中的信息化发展

随着我国国家级非物质文化遗产名录的不断丰富和非物质文化遗产保护工作的进一步发展，已经形成了国家级、省级、市级、县级四级名录保护体系，越来越多的传统文化得到了科学、系统的保护。但同时，大量的文件和资源也给非物质文化遗产的普查工作带来了新的难题，数字化和信息化技术的应用和开发已经成为非物质文化遗产保护和传承的客观要求。为切实做好传统武术保护和传承工作，应将数字化技术、可视化技术、资源管理与服务技术、情境建模技术、行为控制技术等现代技术手段有机结合起来，构建资源共享和交流平台，建设传统武术非物质文化遗产保护和传承的技术体系。在传统武术非物质文化遗产名录的申请和管理上，应建立科学的申报系统，推动申报工作进行科学化、透明化、公开化，明确申报流程，提高申报服务工作质量，提高申报和评价效率。建立传统武术非物质文化遗产评审系统，按照传统武术传承评价指标，从传承的主体、方式、内容以及效果和管理等方面，系统开展传统武术非物质文化遗产申报和评审工作。建立完善的信息查询系统，加强传统武术资源的挖掘和整理工作，在保护传统武术项目的同时，注重对传统武术项目的开发和利用，发挥传统文化对构建和谐社会的积极作用。

可以说，传统武术作为我国传统文化的瑰宝，是我国非物质文化遗产的重要组成部分。在国家先后公布的四批国家级非物质文化遗产名录中，所占比重均较大。就目前已列入名录的传统武术项目的保护和传承工作而言，还有很大的进步空间。此外，还有很多未列入名录的传统武术项目，由于缺乏重视和保护正在慢慢地消失。因此，迫切需要建立传统武术传承评价指标体系，推动传统武术非物质文化遗产管理的信息化建设，规范申报和评审流程，提高资源挖掘、整理、普查、评价的效率，使更多的传统武术项目得到保护和传承。

第三节 中国武术非物质文化遗产传承中的网络化应用

一、“互联网＋”时代的网络化社会特征

“互联网＋”使网络化步入了2.0时代，整个社会从生产、运输、服务到信息的传播、人们的日常消费等环节都紧密地依托在互联网平台，呈现出了显著的网络化社会特征。

（一）市场网络化

市场网络化是以现代信息技术为支撑，以互联网为媒介，以离散的、无中心的、多元网状的立体结构和运作模式为特征，信息瞬间形成、即时传播，实时互动，高度共享的人机界面构成的交易组织形式。虽然网络市场的范围没有发生实质性的变化，但网络市场交易方式却发生了根本性的变化，即由“在线浏览、离线交易”演变成了“在线浏览、在线交易”。由网络消费市场和网络服务市场造就了当代市场的网络化，颠覆了人们对传统市场的认知。

（二）服务网络化

“互联网＋”时代，即时信息工具的普及使得人与人的沟通交流更为便捷，人们建立起以互联网为基础的社交圈。在“互联网＋”时代，几乎每个人或多或少的都拥有自己的电子信箱、微信、微博、QQ、脸书（Facebook）、推特（Twitter）等社交工具，各种服务也是以此为平台。旅

行购票、网络购物、信息获取、看病就医等各种与生活相关联的服务种类都通过网络平台变得更为方便，更为人性、更有效率。

（三）技术网络化

技术是人们利用现有事物形成新的事物，或是改变现有事物功能、性能的方法、如原材料、产成品、工艺、工具、设备、设施、标准、规范、指标、计量方法等。“互联网＋”时代，技术的创新与发展已经同互联网紧密相连，数字化技术、3D打印技术、云技术等都是具有划时代意义的技术革新。依托全球互联网，新技术的共享与传播快速而精确，世界各地的人们能够充分享受到技术进步带来的成果。

（四）传播网络化

“互联网＋”时代已经成为全球化生存模式，社会各个行业在各自领域的资源信息通过互联网进行相应的信息整合、处理、共享，使其实现快速发展。网络传播能够在短时间内迅猛发展，网络传播信息的速度和规模、影响的地域范围以及表现形式等都远远超过以往的大众媒体，极大地开阔了人们的视野、丰富了人们的文化生活。网络传播主要有以下优势：信息量大、速度快、传播手法多样、传播过程多向互动、受众的主体地位得以体现，交流具有开放性、传播主体广泛等特点。

二、中国传统武术非物质文化遗产保护传承中的困境

文化底蕴深厚的武术非物质文化遗产是中国传统文化的宝贵资源。传统武术的发展问题一直以来都是学界非常关注的问题，同时，也是一个悬而未决、函待解决的命题。武术非物质文化遗产具有不可再生性和时效性，随着时间的推移，承载武术文化技艺的传承人终将离世，而与之相关的拳法技艺

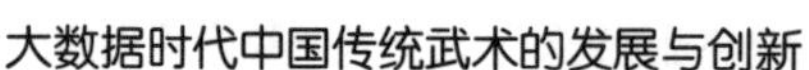

也将永远消失，对中华文化的完整性造成不可弥补的缺憾。保护中国武术文化遗产，不仅仅是认识历史的需要，同时也是创建新文学、新艺术、新技术的需要，从一定程度上说，保护中国武术文化遗产也就是保护中华文化的多样性。

三、“互联网＋”时代武术非物质文化遗产传承中的网络化应用

（一）中国武术非物质文化遗产的网络化市场开发

与物质遗产不同，非物质文化遗产主要是通过“活态”传承的方式来实现其历史认识价值和意义。活态传承，活在当下，是非物质文化遗产最重要的特点。将中国非物质文化遗产的保护与传承放到市场当中，通过市场调动武术遗产的能动性和创造力，使之能够适应时代的发展。首先，将中国武术非物质文化遗产的保护与传承当作体育产业来做，改变遗产保护靠政府的传统思维，在市场中找寻生存和发展的路径。其次，要主动释放武术非物质文化遗产资源，让企业介入其中，让武术遗产资源成为企业运营发展的基本内容，发挥资源在文化、养生、健身、旅游等多方面的功能。再次，打破中国武术传承中的门第、空间概念，以互联网为平台，广收门徒，扩大各个门派的影响力。最后，要加强知识产权的保护意识，通过法律手段保护本门派的武术技法在广泛传播过程中的权益。

（二）建设中国武术非物质文化遗产大数据

大数据技术的意义不在于掌握庞大的数据信息，而在于对这些含有意义的数据进行专业化处理。中国武术文化历经数千年的发展，拳派众多，分布广泛。除去被非物质文化遗产名录收录的武术种类之外，散落在民间的武术技法数量庞大，急需对这些武术技法以现代科技手段进行“博物馆”式的保护，用文字、音像、视频的方式进行记录、传承和保护。

（三）中国武术非物质文化遗产数字化保护与开发技术

随着经济社会的快速发展和传承人的老去，中国不同地区许多珍贵的武术非物质文化遗产受现代文明的冲击而面临生存困境。利用数字化技术对非物质文化遗产进行记录和保护，在国内外已经取得了喜人的成效。但是传统的保护技术在武术类非物质文化遗产传承保护方面仍存在许多瓶颈，比如缺乏相关的理论支持导致现代信息手段介入不足，数字化技术规范不统一，资源共享困难，传统的视频、图片、数字化技术水平低下，数据可编辑性和重复性较差。同时，武术非物质文化遗产在数字化处理过程中往往存在重视武术活动的数字化，而忽视了武术文化空间的知识关系，数字化保护不全面，最终导致对武术非物质文化遗产的碎片式保护。

针对非物质文化遗产保护过程中存在的上述问题，中国武术非物质文化遗产在保护过程中需要综合运用信息理论、计算机图形、虚拟现实技术、民俗学、非物质文化遗产学等跨学科的理论和方法进行关键技术研究，将信息空间理论和知识表示理论应用到武术的数字化保护中，并从中国武术数字化技术规范制定、武术活动三维数字化快速生成、文化空间的知识本体构建三个部分实施保护，并结合三维扫描、动作捕捉、可视化构建等多种数字化技术手段进行数字化应用实践。

（四）建立“互联网＋”时代全方位的武术传播平台

“互联网＋”时代，武术非物质文化遗产的数字传播与消费已经捆绑为一体。数字传播与消费技术体系利用卫星电视、云技术、移动终端等传播技术将武术非物质文化遗产数字内容产品在网络、电视等多媒体终端以及数字博物馆等数字展示实体进行传播与消费。武术数字化传播技术体系主要涉及到通信技术、动态调度技术、云计算技术、负载均衡技术、基于三网融合的多模式终端无缝接入技术、面向多终端的内容适配决策技术、面向用户的过程管理与质量评价技术等。如在国内外具有很高知名度的《禅宗少林》舞台剧，在数字化舞台中，通过融合了声光电等技术的数字化产品与舞台实景完

美呈现，使观众置身于一个虚拟的武术环境与真实演员结合的增强现实场景中，给观众身临其境的感觉。

第四节 武术非物质文化遗产“活态”传承中的数字化技术

一、武术非物质文化遗产的“活态”传承

“世界遗产委员会对遗产保护的总体趋势已经体现出从‘静态遗产’向‘活态遗产’的转变，文化景观的自然遗产保护就是典型的‘活态’保护，在发展中去保护。”相对于物质自然遗产的“静态”特性，武术非物质文化遗产更多表现出“动态”特性，它的传承表现为一种“活态”性。武术作为社会经济文化生活的一部分，随着历史的发展武术自身也在不断变化、调整和适应，传承总体呈现出一种显著的“活态”变化性。

“传统武术的传承就是由传承人实施的，在代际之间进行的技艺、理论、习俗等传统武术文化内容的传递和传播。”中华武术在历史的延续过程中多以口传心授、门派相传的形式发展传承，武术界历来盛行拜师学艺，归门入派，徒弟在师傅言传身教、耳提面命的指导下得以成器，这一传承特性在国家推行的全民健身大环境下愈发显得固步自封。寻求新的传承形式已经成为传统武术发展不可回避的核心问题，现阶段国家非物质文化遗产传承人名录的设立既是对传承人的一种保护，也是对传统武术可持续发展的探索和尝试。杨氏太极拳的杨振河、韩会明，陈式太极拳的王西安、朱天才都是首批认可的国家级非物质文化遗产传承人，国家以此形式表明对传承人以及所代表拳种的重视与关注，从而对太极拳的保护发展进行推动与促进。武术传

承人与传承环境是武术文化传承的关键要素，核心表现为一种“无形”的、“活”的特征，是一种“活态”文化遗产。

首先，传承人不仅是武术非物质文化遗产的重要保护者，也是武术非物质文化遗产保护与传承的主体，武术非物质文化遗产系统中必须有武术传承人的参与才能构成非物质文化遗产的有效传承。武术的传播依托武术传承人本身的存在，通过语言表达、动作展示，以及在特定的空间和环境进行传授与熏陶。如果缺乏及时有效的保护与传承，随着武术传承人的消亡，武术非物质文化遗产也将不复存在。数字化技术的发展为武术传承提供了全新的手段与方法，对传承人所承载的武术技艺、文化和习俗运用先进的数字化技术进行采集，模拟武术非物质文化遗产生存发展的环境，再现武术技艺与文化产生、发展的历史环境，在保护与传承过程中最大限度保证所记录武术信息的完整性与真实性。

其次，武术非物质文化遗产的“活态”传承强调在武术生存发展的环境当中进行保护与传承，突破农耕社会小范围、手段单一保守的传播方式，以开放包容的态度面向世界。作为国家级武术非物质文化遗产的陈家沟陈氏太极拳立足国内、走出国门，开设武馆、广收门徒，并运用现代化的技术手段以多种形态传播太极拳，在陈氏太极拳蓬勃发展的同时也开拓出一条成功的传统武术保护与传承之路。信息化时代，以数字化技术手段记录、储存武术非物质文化遗产的内容，主动面向国内外武术受众，以多元化、多种形式传播介绍武术非物质文化遗产，在人们生产与生活当中进行发展与传承，改变“博物馆”式的静态的保护，最终达到武术非物质文化遗产保护与传承的终极目的。

二、武术非物质文化遗产的“活态”传承中的数字化技术发展

传统的武术非物质文化遗产传承保护主要利用静态的、固化的方式进

行保存和展示，虽然能够在一定程度上保存和记录下武术信息与内容，但是作为一种被动的、静态的记录方式只能将武术遗产进行物理储存，并不能解决武术非物质文化遗产自身生存和发展的难题。武术非物质文化遗产数字化技术发展是在信息化技术高度发展的前提下，以数字化技术为手段，以武术非物质文化为载体进行武术资源的数字化采集、存储、管理、生产、传播和消费的数字化服务平台，结合武术非物质文化遗产可共享、可重复使用、可展示、可传播的形态特征进行数字化转变、复原和再现，以数字技术进行解读、开发和消费。

武术非物质文化遗产数字化产品是武术遗产数字化技术的成果，相比较传统武术遗产以文字、图片、音频和视频记录为主要手段的形式有着更为广阔的传播空间和更为高效的传播途径。伴随着移动终端的普及和网络覆盖率的提高，数字化的传播与消费已经打破了时间和空间的限制，武术非物质文化遗产的数字化产品传播与消费也将具备显著的数字化特点。高速性：以互联网为载体的数字化传播方式省去了传统媒体印刷出版、发行销售的环节，随着互联网软硬件技术的完善和提升，武术数字化产品的传播在时间和空间上的延迟甚至影响可以忽略不计，真正达到全球同步。大容量性：传统媒介由于受到载体和传播媒介的制约，容量有限，而数字化传播得益于信息技术的飞速发展，具有接近无限的容量和传播能力。各类武术信息来源更为广泛，传播手段更为丰富，信息内容更为庞大和多元化。多功能性：现代数字化技术采用双向、多点、多媒体形式的传播方式，赋予它较报纸、广播和电视等传统媒体更多的功能特点。便捷性、强大的浏览功能、高度的参与性和广泛的共享功能是数字化技术优于传统传媒的主要特点。互动性：数字化技术打破了传统武术信息传播形式的局限，大众传媒实现了点对面、面对面以及点对点传播方式的统一；网络既担任着作为大众传播工具向广大受众传递武术信息、传授武术知识的载体，又充当着网上武术爱好者之间进行互动与交流的工具。开放包容性：数字化时代的武术传播模糊了时空概念，带来了不同地区、国家和社会文化的全方位开放。无论何种文化背景、表现形式、

展示内容，所有武术信息都可以获得展示和交流的平台与机会，各种武术形式多元并存。

数字化产品的形式为武术非物质文化遗产的传播打开了更为广阔的空间和平台，使其以一种新的形态适应时代的变化与进步，在数字化时代生存与发展。数字化技术的运用与实施为武术非物质文化遗产的保护与传承开辟了新的途径和方法。首先，数字化采集和存储技术为武术非物质文化遗产内容的保存和记录提供了技术支持和保障，特别是针对武术技艺、武术生态环境的数字化记录，将以一种直观的方式全方位、多视角的方式展现出来。其次，数字化复原和再生技术为武术非物质文化遗产的抢救性挖掘与保护提供了新的支撑，为部分残存的、濒临失传的武术遗产进行场景复原、3D建模、动画重现，将这些武术基因传承下去。再次，数字化技术为武术非物质文化遗产的传播与共享提供了更为广阔的平台，武术信息的展示、传播与利用更为便捷。最后，虚拟现实技术为武术非物质文化遗产的开发、利用和消费提供了空间，开拓新的武术消费市场，延长产业链，增强武术自身的造血功能，变被动、静态的保护为主动、动态的保护。

三、武术非物质文化遗产“活态”传承中的数字化技术体系

武术非物质文化遗产数量庞大，地域分布广泛，国家级、省级以及众多散落于民间的具有悠久历史的武术拳种各具特色。为了最大限度保障武术非物质文化遗产数字化的准确性和真实性，需要对数字化的过程进行流程化、实用化、规范化的处理，对武术非物质文化遗产的数字化流程进行规范和组织，为数字化技术体系的构建坚实基础。

武术非物质文化遗产数字化保护的生命周期包括五个部分，从数字化采集、数字化存储、数字化管理、数字化生产到数字化消费五个阶段。最终武术数字化产品的消费为武术非物质文化遗产的生存发展积累资金和资源，进

一步推动武术非物质文化遗产的保护与传承。最终通过数字化消费达到武术非物质文化遗产的动态主动保护，为数字化保护的生态循环创造物质基础与社会环境。

（一）武术非物质文化遗产的数字化采集技术

武术非物质文化遗产数字化采集技术主要是指运用相关的采集技术对武术传承人，以及与武术传承人进行武术活动相关的环境、空间、器物等进行数字化的记录、处理和再现。数字化的采集手段与传统的视频录制、音频采集和文本扫描等获取手段相比较有了更进一步地发展，它不仅仅是单纯地对武术技法进行简单的文字、图片和视频记录，而是综合运用三维动作捕捉、三维建模、环境模拟技术等多种技术手段对武术传承人所承载的武术技艺、社会环境、发展轨迹、习俗风貌以及周边的人文地理资源进行数字化技术的再创造。力求最大限度地记录传统武术生存发展的环境，改变传统单一的影像记录方式，实现对非物质文化遗产的立体化记录和采集。

（二）武术非物质文化遗产的数字化存储技术

数字化存储是武术遗产数字体系的关键技术，在实施数字化存储的过程中针对武术非物质文化遗产内容丰富、表现形式多样、门类派别众多的特点，采用适宜的分类技术进行有效的存储，减少储存重复和储存遗漏情况的发生。数字化分类主要是基于非物质文化遗产的渐变性，系统性的特点，从社会学、历史学、文化遗产学等多个跨学科角度研究武术非物质文化遗产的构成与分类，有针对性地对武术非物质文化遗产内容庞大、历史跨度长、地域分布广等特点建设武术非物质文化遗产数字化分类存储，最终有序地对武术非物质文化遗产进行整理和归类，达到存储效率的最大化。在武术资源数字化储存时首先要解决武术资源表述标准和分类的问题，这两者是系统化数字存储的前提。表述标准和分类主要解决目前全国武术非物质文化遗产资源数字化处理过程中技术标准不规范、不统一的问题，制定符合我国各地、乃

至华人文化圈共同认可的武术非物质文化遗产资源建设技术标准，包括资源创建、资源分类、资源描述、资源组织、资源管理和资源保存等技术标准。

（三）武术非物质文化遗产的数字化管理技术

数字化管理技术是从管理学的角度出发对武术非物质文化遗产资源进行数字一体化服务的理论，主要解决武术非物质文化遗产内容资源中数据量大，内容庞杂的情况，采用一定的共享和数据分发技术解决武术非物质文化遗产资源内容的共享和服务问题。武术非物质文化遗产的数字化管理目的是将数字化后的武术资源的管理、存储、发布和版权保护等全过程连成一体，形成具备高质量资源服务能力的一体化资源共享和服务平台，解决海量的、分布式的资源整合与存储管理。在实施操作过程中，通过平台检索系统地对武术非物质文化遗产的地域、起源、派系、历史发展轨迹、历史名家等资源进行多重索引；通过关键词、语义和内容多种检索方式有效提升资源的可检索性；通过互联网关联技术，从资源的内容、形式、主题等角度建立资源之间的跨库联系，并依据用户习惯自动推荐相关内容；通过数字版权的保护技术，管理保护各种形式数字化资源的版权，保障各个武术流派的权益不受侵害和损失，多种途径共同营造绿色的可持续发展的武术非物质文化遗产传承环境。

（四）武术非物质文化遗产的数字化生产技术

传统的武术非物质文化遗产保护多以静态的记录和存储为主，拯救多于发展，不能从根本上解决武术非物质文化遗产传承发展的难题。数字化生产技术以存储为前提，重新利用资源库中的资源，以消费者的需求为向导，将武术非物质文化遗产转化为可利用的素材，通过再次创作、生产和营销，以产品的形式投放市场，以经济效益带动遗产保护与传承。武术非物质文化遗产数字化产品包括影视、动漫、纪录片、游戏、舞台剧等多种形式，以虚拟现实、人机交互等方面的产品展示。通过多种产品形式，吸引不同群体、不

同年龄段的受武术受众参与其中，从认知、关注、重视到最后有意识的去保护和传承，动态、主动地去传承武术非物质文化遗产。

（五）武术非物质文化遗产的数字化传播消费技术

武术非物质文化遗产数字传播技术体系包括网络、卫星电视、IPTV和数字化终端展示技术等多种形式，以数字展示实体进行传播。数字消费技术体系主要涉及到数字化控制技术、声光电技术、多媒体展示技术等。数字化的武术产品以网络资源、影视剧、动漫、游戏、舞台剧等多种形态展示在消费者面前，满足不同群体消费者的需求。功夫剧是华人影视文化圈中不可或缺的部分，历来受到国内外观众的喜爱和追捧。电影《少林寺》奠定了华人武侠片在国内外举足轻重的地位，如大宇公司的《仙剑奇侠传》《轩辕剑》系列以古代中华武术文化为历史背景的武侠类游戏，游戏中对武术流派、武术招式和侠义精神有着十分丰富的描述，在广大前少年群体中有着很高的参与度和影响力。舞台剧也越来越多地成为武术的表现形式，剧场中通过融合了声光电等技术的数字化舞台，将数字化产品与舞台实景完美呈现，使观众置身于一个虚拟环境与真实演员结合的增强现实场景中，带来身临其境的感受，其中尤以表现少林寺的《禅宗少林·音乐大典》《风中少林》《功夫诗·＜九卷＞》等剧目最具代表性。

随着时间的流逝，承载着丰富武术文化遗产的老一辈武术传承人终将走完人生的历程，保护与传承武术前辈的宝贵遗产是当代人刻不容缓、义不容辞的责任和义务。现阶段，数字化技术已经在我国部分非物质文化遗产保护与传承当中得到应用，极大丰富了保护的技术与手段，对传统文化遗产的保护与发展起到积极的作用。通过对武术非物质文化遗产资源数字化处理，运用数字化保护与开发技术，建立数字化武术信息资源库，开发相关的数字化产品，将武术非物质文化遗产展现到大众面前，以丰富多彩的形式向人们传播武术的内涵和魅力，以主动的、动态的形式进行武术非物质文化遗产的“活态”保护与传承。

相比较而言，武术非物质文化遗产内容庞杂，分布广泛，发展现状良莠不齐，在数字化技术实施的过程中需要根据不同拳种的生存与发展现状，因势利导、区别对待。首先，需要遵循拯救优先的原则，对频临灭绝的武术拳种优先实施抢救性保护，最大限度地保留下珍贵的原始资料。其次，把握好武术非物质文化遗产的“活态”特性，“活态”文化“活态”保护，以动态的发展促进武术遗产的保护传承。最后，处理好保护与利用、继承与发展的关系。在武术数字化、产业化的运作过程中避免“地方开发者急功近利，不顾武术发展规律，不讲市场法则，将怪异视同文化，因而偏离了非物质文化遗产的核心价值”的情况出现。对武术非物质文化遗产的数字化保护与传承既是国家文化信息建设的重要内容，也是增强国家文化软实力的重要手段，更是保护中华民族文化多样性的重要举措。

参考文献

[1]李印东.武术释义[M].北京：北京体育大学出版社，2006.

[2]冯艳琼.地域武术与武术文化研究[M].北京：人民体育出版社，2009.

[3]乔玉成，侯介华，许登云，等.中国传统武术文化基因谱系研究[J].北京体育大学学报，2017，40(12):122-132.

[4]孙爱景.伏羲与武术起源关系研究[J].当代体育科技，2015，10(9):216-217.

[5]宋建钧.传统武术竞技化困境与传承出路研究[D].南京体育学院，2014.

[6]张旭昌.中国武术发展现状分析[J].搏击（武术科学），2006，1（09）:13.

[7]陈忠丽.浅析当今中国武术的健身价值及发展[J].商，2016，1(6):296-296.

[8]王燕，柯易，桂晓红.论武术的文化与技术的关系[J].武汉体育学院学报，2013，47(9):46-49.

[9]刘春燕，谭华.中华民族传统体育的兴盛、危机与复兴[M].北京：人民体育出版社，2016.

[10]阮纪正.至武为文——中国传统武术文化论稿[M].广州:广州出版社，2015.

[11]蔡志丹.教育信息化2.0下高校智能学习体系建设[J].才智，2019，12(1)：75.

[12]罗万丽，王蕊."互联网+"时代高校智慧校园建设与应用探析[J].数字教育，2018，16(2):33-38.

[13]邓文慧.论新新媒介在高校教学管理中的应用[J].长春教育学院学报，2013，29(10):153-154.

[14]刘霞，张砚.基于NET的高校教师多维考核评价系统开发[J].继续医学教育，2015，29(1):45-46.

[16]左建平，柴青青.新型智能教学系统——人工智能2.0重塑学习技术路径[J].无线互联科技，2018，3(16):52-53.

[17]刘晓敏.融媒体业务平台建设实战方略[J].广播与电视技术，2018，45(8):16-22.

[18]孙铁柱，刘潭."互联网思维"下中国文化产业问题研究[J].税务与经济，2014，2(6):50-55.

[19]苏华伟.营销学视野下中国武术产业化道路的研究[D].苏州大学，2008。

[20]付成林.全球化视野下武术文化产业发展的战略思考[J].搏击.武术科学，2015，15(3):6-8.

[21]丁保玉，解乒乓.文化创新与武术文化产业发展的战略思考[C].天津市社会科学界学术年会，2013:1068-1069.

[22]郑秀媛，等. 现代运动生物力学[M]. 北京：国防工业出版社，2002.

[23]李良标,等. 运动生物力学[M]. 北京：北京体育学院出版社，1991.

[24]吴旭光，等. 计算机仿真技术[M]. 北京：化学工业出版社，2005.

[25]乔凤杰.文化符号:武术[M].北京:社会科学文献出版社，2014.

[26]中国社会科学院知识产权中心.非物质文化遗产保护问题研究[M].北京:知识产权出版社，2012:147.

[27]李吉远，谢业雷. 非物质文化遗产理念下传统武术的传承与保护[J].武术科学，2011，1(5):3-5.

[28]王涛.中国武术传承研究[D].北京体育大学，2009.

[29]牛爱军，虞定海.传统武术的知识产权保护——从非物质文化遗产的视角[J].山东体育学院学报，2008，(3)：12-14.

[30]薛良磊，韩雪，任津橘.武术非物质文化遗产保护论——以太极拳为例[J].搏击·武术科学，2009，(10)：15-17.

[31]程大力.传统武术：我们最大宗最珍贵的濒危非物质文化遗产[J].体育文化导刊，2003，(4)：17-20.

[32]李凤芝，索烨，朱云，等.微时代下我国武术文化传播路径创新研究[J].商丘师范学院学报，2016，32(03):81-85.

[33]王育青，杜绍友，张彦等.微信——武术文化传播新窗口[J].运动精品（学术版），2014，33(01):75-76，86.

[34]郭玉成，范铜钢.武术文化传播构建国家形象的战略对策[J].中国体育科技，2013，49(05):80-85，98.

[35]李庆新.休闲视域下成都市武术养生与旅游的互动性研究[J].体育科技文献通报，2017，2(5):126-128.